New 다이나믹 일본어

Step 5

다락원

머리말

    NEW 다이나믹 일본어 Step5는 일본어 기초 문법과 회화를 마친 중급 이상의 학습자를 대상으로 만든 학습서입니다. 일본어 능력시험 N3-N2정도의 문형을 중심으로 중급 수준의 표현과 문장을 학습하여 자연스럽게 일본어 실력이 향상될 수 있도록 하였습니다.

    외국어를 잘 할 수 있다는 것은 곧 그 나라 문화를 이해하는 것을 의미합니다. 다른 언어를 알고 더 나아가 다른 언어를 사용하는 사람들의 생각과 생활방식을 이해하는 것은 우리의 삶을 보다 풍요롭고 여유롭게 합니다.

    이 교재는 일본어를 보다 재미있고 자연스럽게 익힐 수 있도록 다양한 코너를 마련하여 언어의 4가지 기능이 고루 발달할 수 있도록 구성하였습니다. 특히 개정판은 다음과 같은 특징이 있습니다.

1. 본문회화는 일본어 능력시험 N3-N2 수준에 나오는 문형과 표현을 중심으로 구성하였습니다.
2. 짧은 본문을 통해 지루하지 않게 학습할 수 있도록 하였습니다.
3. 문장을 완성하는 형식의 문제를 통해 중급에 맞는 다양한 사고력과 표현력을 기를 수 있도록 하였습니다
4. 재미있고 흥미로운 청해 연습을 통해 듣기 실력의 향상을 도모하고, 각 과에서 학습한 문형과 표현을 다시 한번 확인할 수 있도록 하였습니다.
5. 다양한 시사적 내용의 독해연습을 통해 독해력과 일본 문화의 이해력이 향상될 수 있도록 하였습니다. 또한 독해 내용과 관련된 프리토킹을 통해 자신의 의견을 표현할 수 있도록 유도하였습니다.

    외국어를 잘 하기 위해서는 하루하루의 작은 노력이 필요합니다. 부디 이 교재를 잘 활용하여 일본어 실력과 함께 일본문화에 대한 넓은 시야를 길러 장차 한일 교류의 주역이 될 수 있기를 기대합니다.

    마지막으로 이 교재가 나오기까지 도움을 주신 手代木久美 선생님과 渡辺美紀 선생님께 감사의 말씀을 전합니다. 아울러 (주)다락원 정규도 사장님 이하 일본어 출판부 여러분들께도 감사의 말씀을 드립니다.

저자 일동

이 책의 구성과 특징

1. 본 책은 『NEW 다이나믹 일본어 시리즈』의 제5단계 교재로, 일본어 기초 문법과 회화를 끝낸 학습자를 대상으로 일본어 능력시험 N2·N3 수준의 기능어를 활용하여 자신의 생각을 좀 더 구체적이고 자연스럽게 표현할 수 있도록 한 중급 교재입니다.

2. 전체 구성은 1과부터 16과까지 일본에 대한 이해의 폭을 넓힐 수 있는 주제를 선별하여, 다양한 형식의 구성(회화, 청해, 독해 등)을 통해 학습자가 일본어뿐만 아니라 일본, 일본 문화를 폭넓게 이해할 수 있도록 하였습니다.

3. 각 과는 회화, 새로 나온 단어, 문법, 구문연습, 청해연습, 독해연습으로 구성되어 있습니다.

4. MP3 파일은 회화, 청해연습, 독해연습을 제공합니다.

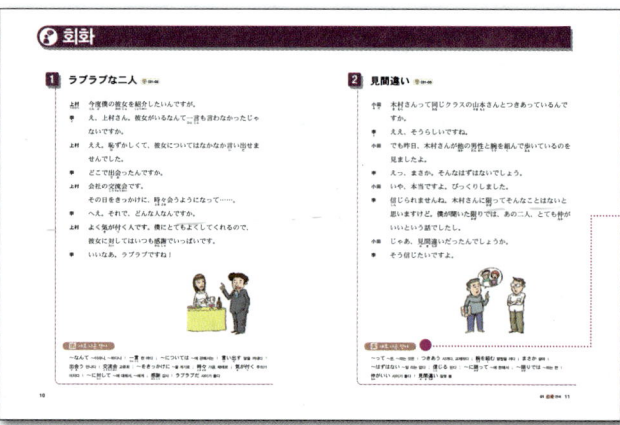

회화
수업 시작에 앞서 학습할 주제와 관련있는 이야기를 자유롭게 나눕니다.

새로 나온 단어 각 파트에서 나오는 새로운 단어를 정리하였습니다.

문법
중급 수준의 기능어 중에서 꼭 필요한 문법을 선별하여 제시하였습니다.

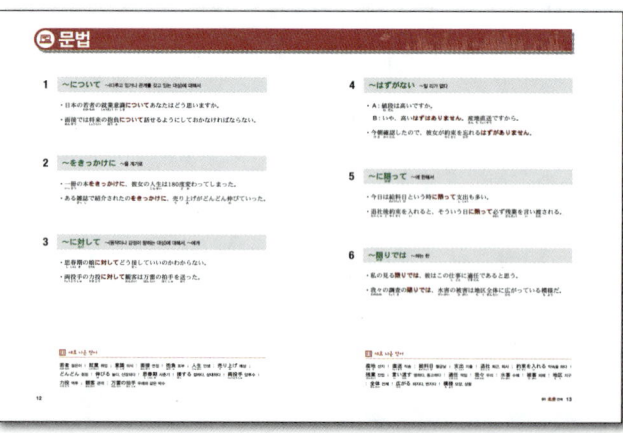

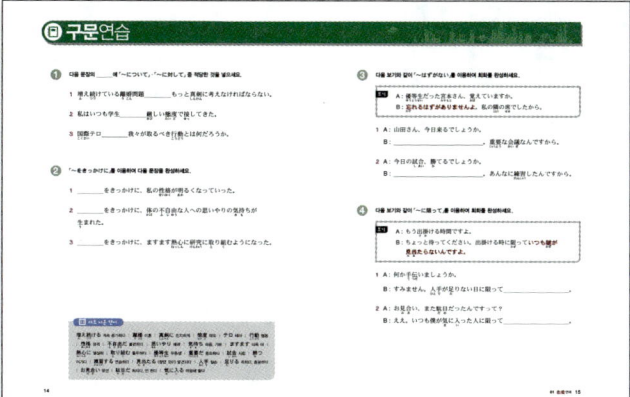

구문연습

문장을 완성하는 문제를 통해 문법에서 다룬 기능어를 익힐 수 있습니다.

청해연습

듣기 실력 향상을 위해 듣고 그림을 고르는 문제와, 듣고 공란에 기입하는 문제를 실었습니다. 이 문제들을 통해 각 과의 학습내용을 완전히 습득할 수 있습니다.

독해연습

현재 일본에서 화제가 되고 있는 주제를 실어 독해력 향상은 물론 일본 문화도 함께 이해할 수 있습니다.

학습 내용 및 학습 목표

PART 01　恋愛 연애
- ① ～について
- ② ～をきっかけに
- ③ ～に対して
- ④ ～はずがない
- ⑤ ～に限って
- ⑥ ～限りでは

PART 02　ストレス 스트레스
- ① ～にしたら
- ② ～と思ったら
- ③ ～気味だ
- ④ ～上
- ⑤ ～というものは
- ⑥ ～次第だ

PART 03　お酒 술
- ① ～に決まっている
- ② ～によっては
- ③ ～わけにはいかない
- ④ ～たあげく
- ⑤ ～に加えて
- ⑥ ～なんて

PART 04　ダイエット 다이어트
- ① ～うちに
- ② ～を通して
- ③ ～ついでに
- ④ ～一方だ
- ⑤ ～おかげだ
- ⑥ ～のあまり

PART 05　携帯電話 휴대전화
- ① ～をぬきにしては
- ② ～てからでないと
- ③ ～ものだから
- ④ ～うえに
- ⑤ ～かねる
- ⑥ ～もかまわず

PART 06　ペット 애완동물
- ① ～以上
- ② ～ものだ
- ③ ～に比べて
- ④ ～ほど
- ⑤ ～はともかく
- ⑥ ～にしろ～にしろ

PART 07　友情 우정
- ① ～くらい～はない
- ② ～にとって
- ③ ～がちだ
- ④ ～どころか
- ⑤ ～とおり／どおり
- ⑥ ～にしても

PART 08　インターネット 인터넷
- ① ～というと
- ② ～はもちろん
- ③ ～を問わず
- ④ ～からすると
- ⑤ ～ないこともない
- ⑥ ～反面

PART 09　就職 취직
1. ～てしょうがない
2. ～向けの
3. ～ことになる
4. ～にすぎない
5. ～ながら
6. ～ような

PART 10　結婚生活 결혼생활
1. ～っけ
2. ～しかない
3. ～といっても
4. ～せいか
5. ～わけではない
6. ～として

PART 11　年中行事 연중행사
1. ～くらい/ぐらい
2. ～ざるをえない
3. ～ずにはいられない
4. ～さえ～ば
5. ～から～にかけて
6. ～からこそ

PART 12　伝統芸能 전통예능
1. ～てはじめて
2. ～ばかりでなく
3. ～ということだ
4. ～にしては
5. ～だらけ
6. ～だけあって

PART 13　冠婚葬祭 관혼상제
1. ～て以来
2. ～ものなら
3. ～ところだった
4. ～ないものか
5. ～ことはない
6. ～によると

PART 14　教育 교육
1. ～きれない
2. ～ぬく
3. ～とか
4. ～たびに
5. ～かぎり
6. ～を～とする

PART 15　環境問題 환경문제
1. ～一方で
2. ～上で
3. ～つつも
4. ～というものではない
5. ～べきだ
6. ～ないことには

PART 16　高齢化社会 고령화사회
1. ～きり
2. ～ことだ
3. ～というより
4. ～わけだ
5. ～としても
6. ～ようがない

이 책의 차례

머리말 3
이 책의 구성과 특징 4
학습 내용 및 학습 목표 6

01 恋愛 연애 9
02 ストレス 스트레스 19
03 お酒 술 29
04 ダイエット 다이어트 39
05 携帯電話 휴대전화 49
06 ペット 애완동물 59
07 友情 우정 69
08 インターネット 인터넷 79
09 就職 취직 89
10 結婚生活 결혼생활 99
11 年中行事 연중행사 109
12 伝統芸能 전통예능 119
13 冠婚葬祭 관혼상제 129
14 教育 교육 139
15 環境問題 환경문제 149
16 高齢化社会 고령화사회 159

구문연습 답안 예 170
청해연습 스크립트 및 정답 174
독해연습 정답 182

01

恋愛
연애

학습 포인트

1. ～について
2. ～をきっかけに
3. ～に対して
4. ～はずがない
5. ～に限って
6. ～限りでは

회화

1 ラブラブな二人 CD1-02

上村　今度僕の彼女を紹介したいんですが。

李　え、上村さん。彼女がいるなんて一言も言わなかったじゃないですか。

上村　ええ。恥ずかしくて、彼女についてはなかなか言い出せませんでした。

李　どこで出会ったんですか。

上村　会社の交流会です。
　　　その日をきっかけに、時々会うようになって……。

李　へえ。それで、どんな人なんですか。

上村　よく気が付く人です。僕にとてもよくしてくれるので、彼女に対してはいつも感謝でいっぱいです。

李　いいなあ。ラブラブですね！

새로 나온 단어

~なんて ~이라니, ~하다니 | 一言 한 마디 | ~については ~에 관해서는 | 言い出す 말을 꺼내다 | 出会う 만나다 | 交流会 교류회 | ~をきっかけに ~을 계기로 | 時々 가끔, 때때로 | 気が付く 주의가 미치다 | ~に対して ~에 대해서, ~에게 | 感謝 감사 | ラブラブだ 사이가 좋다

2 見間違い CD1-03

小田 　木村さんって同じクラスの山本さんとつきあっているんですか。

李 　ええ、そうらしいですね。

小田 　でも昨日、木村さんが他の男性と腕を組んで歩いているのを見ましたよ。

李 　えっ、まさか。そんなはずはないでしょう。

小田 　いや、本当ですよ。びっくりしました。

李 　信じられませんね。木村さんに限ってそんなことはないと思いますけど。僕が聞いた限りでは、あの二人、とても仲がいいという話でしたし。

小田 　じゃあ、見間違いだったんでしょうか。

李 　そう信じたいですよ。

📖 새로 나온 단어

~って ~은, ~라는 것은 | つきあう 사귀다, 교제하다 | 腕を組む 팔짱을 끼다 | まさか 설마 | ~はずはない ~일 리는 없다 | 信じる 믿다 | ~に限って ~에 한해서 | ~限りでは ~하는 한 | 仲がいい 사이가 좋다 | 見間違い 잘못 봄

문법

1 ～について　～(다루고 있거나 관계를 갖고 있는 대상)에 대해서

- 日本の若者の就業意識についてあなたはどう思いますか。
- 面接では将来の抱負について話せるようにしておかなければならない。

2 ～をきっかけに　～을 계기로

- 一冊の本をきっかけに、彼女の人生は180度変わってしまった。
- ある雑誌で紹介されたのをきっかけに、売り上げがどんどん伸びていった。

3 ～に対して　～(동작이나 감정이 향하는 대상)에 대해서, ～에게

- 思春期の娘に対してどう接していいのかわからない。
- 両投手の力投に対して観客は万雷の拍手を送った。

새로 나온 단어

若者 젊은이 | 就業 취업 | 意識 의식 | 面接 면접 | 抱負 포부 | 人生 인생 | 売り上げ 매상 | どんどん 점점 | 伸びる 늘다, 신장되다 | 思春期 사춘기 | 接する 접하다, 상대하다 | 両投手 양투수 | 力投 역투 | 観客 관객 | 万雷の拍手 우레와 같은 박수

4 〜はずがない　〜일 리가 없다

- A：値段は高いですか。

  B：いや、高い**はずはありません**。産地直送ですから。

- 今朝確認したので、彼女が約束を忘れる**はずがありません**。

5 〜に限って　〜에 한해서

- 今日は給料日という時**に限って**支出も多い。

- 退社後約束を入れると、そういう日**に限って**必ず残業を言い渡される。

6 〜限りでは　〜하는 한

- 私の見る**限りでは**、彼はこの仕事に適任であると思う。

- 我々の調査の**限りでは**、水害の被害は地区全体に広がっている模様だ。

새로 나온 단어

産地 산지 | 直送 직송 | 給料日 월급날 | 支出 지출 | 退社 퇴근, 퇴사 | 約束を入れる 약속을 하다 | 残業 잔업 | 言い渡す 명하다, 통고하다 | 適任 적임 | 我々 우리 | 水害 수해 | 被害 피해 | 地区 지구 | 全体 전체 | 広がる 퍼지다, 번지다 | 模様 모양, 상황

구문연습

1 다음 문장의 _____에 「〜について」・「〜に対して」 중 적당한 것을 넣으세요.

1　増え続けている離婚問題_____もっと真剣に考えなければならない。

2　私はいつも学生_____厳しい態度で接してきた。

3　国際テロ_____我々が取るべき行動とは何だろうか。

2 「〜をきっかけに」를 이용하여 다음 문장을 완성하세요.

1　_____をきっかけに、私の性格が明るくなっていった。

2　_____をきっかけに、体の不自由な人への思いやりの気持ちが生まれた。

3　_____をきっかけに、ますます熱心に研究に取り組むようになった。

새로 나온 단어

増え続ける 계속 증가하다 | 離婚 이혼 | 真剣に 진지하게 | 態度 태도 | テロ 테러 | 行動 행동 | 性格 성격 | 不自由だ 불편하다 | 思いやり 배려 | 気持ち 마음, 기분 | ますます 더욱 더 | 熱心に 열심히 | 取り組む 몰두하다 | 優等生 우등생 | 重要だ 중요하다 | 試合 시합 | 勝つ 이기다 | 練習する 연습하다 | 見当たる (찾던 것이) 발견되다 | 人手 일손 | 足りる 족하다, 충분하다 | お見合い 맞선 | 駄目だ 허사다, 안 된다 | 気に入る 마음에 들다

3 다음 보기와 같이「～はずがない」를 이용하여 회화를 완성하세요.

> 보기
> A：優等生だった宮本さん、覚えていますか。
> B：**忘れるはずがありませんよ**。私の隣の席でしたから。

1　A：山田さん、今日来るでしょうか。

　　B：＿＿＿＿＿＿＿＿＿＿＿＿＿＿＿＿＿。重要な会議なんですから。

2　A：今日の試合、勝てるでしょうか。

　　B：＿＿＿＿＿＿＿＿＿＿＿＿＿＿＿＿＿。あんなに練習したんですから。

4 다음 보기와 같이「～に限って」를 이용하여 회화를 완성하세요.

> 보기
> A：もう出掛ける時間ですよ。
> B：ちょっと待ってください。出掛ける時に限って**いつも鍵が見当たらないんですよ**。

1　A：何か手伝いましょうか。

　　B：すみません。人手が足りない日に限って＿＿＿＿＿＿＿＿＿＿＿。

2　A：お見合い、また駄目だったんですって？

　　B：ええ。いつも僕が気に入った人に限って＿＿＿＿＿＿＿＿＿＿＿。

구문연습

5 다음 보기와 같이「～限りでは」를 이용하여 회화를 완성하세요.

> 보기
> A：この近くに雰囲気のいいレストラン、ありませんか。
> B：**私の知る**限りでは、あまりお勧めできる所はありませんね。

1 A：この英語の作文、間違いが多いと言われたんですけど。
　　読んでみてもらえますか。

　B：ええ、いいですよ。

　A：……どうですか。

　B：_____限りでは、特に大きな間違いはないようですけれど。

2 A：転校生の森山さんってどんな人なんでしょうね。話してみましたか。

　B：ええ。_____限りでは、真面目な人のようでしたけど。

새로 나온 단어

雰囲気 분위기 | 勧める 권하다, 권유하다 | 作文 작문 | 間違い 틀림, 잘못, 실수 | 転校生 전학생

청해연습

1 다음 대화를 듣고 질문에 답하세요. CD1-04

(問) 二人が見ているグラフはどれですか。

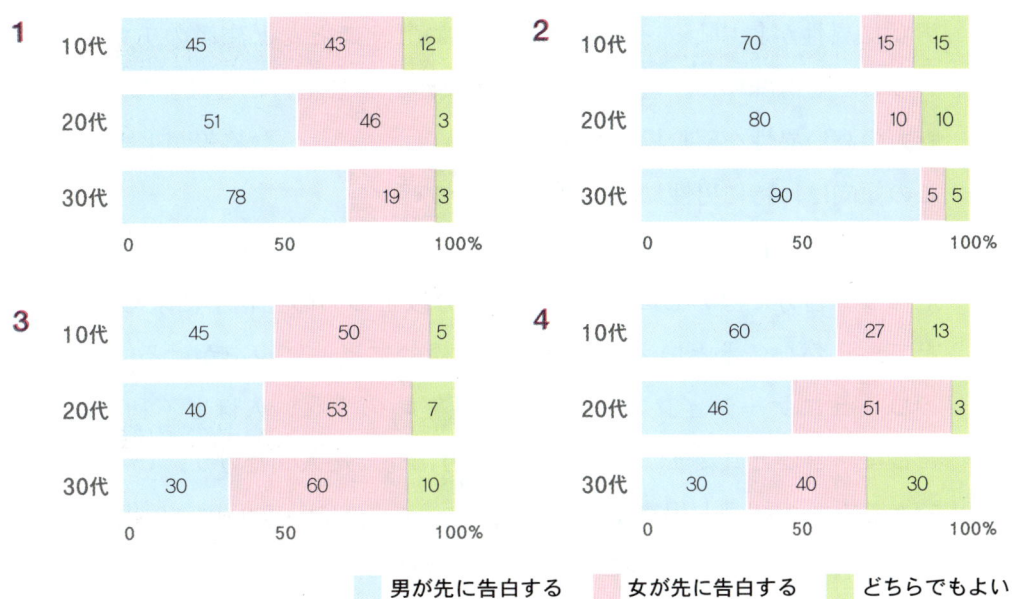

■ 男が先に告白する　■ 女が先に告白する　■ どちらでもよい

2 다음을 듣고 ( ) 안에 들어갈 알맞은 말을 넣으세요. CD1-05

1　郊外に（　　　　　　　　　）毎朝、ジョギングをするようになった。
2　中学生の頃、両親や（　　　　　　　　　）よく反発したものだ。
3　最近の日本の（　　　　　　　　　）どう思いますか。
4　まじめで有名な田中さんが、人のものを（　　　　　　　　　）。
5　私が（　　　　　　　　　）、山本さんは先月会社をやめたはずだ。
6　親は誰でも「（　　　　　　　　　）そんなことはしない。」と言う。

독해연습

● 다음 글을 읽고 아래의 질문에 답하고 서로 이야기해 봅시다. CD1-06

恋愛の格差

　恋愛格差、という言葉がある。容姿の優れた人やコミュニケーションの上手な男女に異性が集中し、そうでない人々には、ほとんど恋愛のチャンスがないということを意味する。魅力の少ない男女がペアを組むことは少なく、自分よりも魅力の高い異性を望む場合が多いことから、このような格差が生まれている。この傾向は、特に男性によく見られるという。

　たしかに、自分のつきあう相手の容姿に、理想を求めてしまう人は少なくないだろう。自分にないもの、あるいは自分以上のものを相手に求めてしまうのは、とても自然なことといえる。また、積極的に異性に声をかける、告白するなどのコミュニケーションスキルも、異性経験の少ない人ほど不利になってくる。ここに、容姿とコミュニケーション能力に秀でた人間だけが、いろいろな恋愛ができるという構図が出来上がるのだ。

　現代の若者は、小さいころから恋愛格差に慣れていると言われる。バレンタインデーに良い思い出がある人だけではない、ということからも、それは容易に想像できるだろう。しかし、見方を変えることで、格差をプラス要素に変えたいものだ。恋愛とは本来、目に見えるもの以上に、相手に対する理解と互いの努力があってこそ長続きし、実を結ぶものであるからだ。

1　「恋愛格差」とはどのようなことを意味しますか。

2　異性経験の少ない人ほど不利なのは、どんなことだと言っていますか。

3　容姿の優れた人やコミュニケーションの上手な男女に異性が集中することについてどう思いますか。

4　恋愛の格差をなくすためにはどうしたらいいかについて話し合ってみましょう。

02

ストレス
스트레스

학습 포인트

1 ～にしたら
2 ～と思ったら
3 ～気味だ
4 ～上
5 ～というものは
6 ～次第だ

회화

1 解決したと思ったら　CD1-07

田中　李さん、この報告書、ちょっと見てもらえませんか。
　　　部長がこれを見て、作り直して来いって言うんです。
李　　うーん。よく出来てると思いますけど。
田中　でも、部長にしたら私のやり方が何でも気に入らないようなんです。
李　　そうなんですか。
田中　ひとつ解決したと思ったらまた違うことで注意されるし……。
李　　ストレスたまりますね。
田中　今日なんか疲れ気味だったからよけいに頭に来てしまって。
　　　あーあ。来年こそ違う部署に移りたい！

새로 나온 단어

報告書 보고서 | 作り直す 다시 만들다 | ～にしたら ～의 입장으로는 | ～と思ったら ～라고 생각했더니 | 注意する 주의하다 | ストレス 스트레스 | たまる 쌓이다 | ～気味だ ～하는 경향이 있다 | よけいに 더욱, 한층 더 | 頭に来る 화가 나다 | 部署 부서 | 移る 옮기다

2 考え方次第 CD1-08

橋本　李さんはあまりストレスをためないタイプのようですね。

李　　ええ。僕は性格上、嫌なことがあってもすぐ忘れてしまうんです。

橋本　いいですねえ。僕はいつまでも気にするタイプなので……。

李　　ストレスというものは、受け取り方一つでずいぶん変わってくるものだと思いますよ。

橋本　なるほど。何事も考え方次第ですよね。

李　　そうです。ストレスをためて良いことなんてありませんし。

橋本　僕も李さんのようにプラス思考型人間にならないとね。

李　　そうそう、前向きに考えましょう！

새로 나온 단어

ためる 쌓아 두다, 모으다 | ～上 ～상 | いつまでも 언제까지나 | 気にする 신경 쓰다 | ～というものは ～라는 것은 | 受け取る 받아들이다, 받다 | 何事も 무엇이든 | ～次第だ ～하기 나름이다 | プラス思考型人間 긍정적 사고형 인간 | 前向き 긍정적임

문법

1 ～にしたら ～의 입장으로는

- A：彼の話ってちょっと耳をふさぎたくなることがありますよね。

  B：そうですね。彼**にしたら**ほんの冗談のつもりなんでしょうけどね。

- 彼ら**にしたら**はした金かもしれないが、私たちにとってはかなりの大金だ。

2 ～と思ったら ～라고 생각했더니

- やっと着いた**と思ったら**、今度は空いているホテルを探すのに一苦労だった。

- 仕事が一段落した**と思ったら**、また新しいプロジェクトの依頼が舞い込んできた。

3 ～気味だ ～하는 경향이 있다

- 工事は遅れ**気味**で12月まで完成するかどうかわからない。
- 入学式で新しい制服にピカピカの靴をはいた息子はちょっと緊張**気味**だ。

새로 나온 단어

ふさぐ 막다, 가리다 | ほんの 그저 명색뿐인 | 冗談 농담 | はした金 푼돈 | かなりの 상당한 | やっと 겨우, 가까스로 | 一苦労 상당히 애먹음 | 一段落 일단락 | プロジェクト 프로젝트 | 依頼 의뢰 | 舞い込む 날아 들어오다 | 工事 공사 | 完成する 완성하다 | 制服 제복, 교복 | ピカピカ 반짝반짝 | 緊張 긴장

4 ~上(じょう) ~상

- インターネットには教育上問題のあるサイトもたくさんある。
- 警備の関係上この先は関係者以外立ち入り禁止とさせていただきます。

5 ~というものは ~란, ~라는 것은

- 母親というものは無欲な存在である。
- 今回の事故で、保険というものはありがたいものだとしみじみ思った。

6 ~次第(しだい)だ ~하기 나름이다

- 現代では、能力次第で女性も社会的に成功することが可能だ。
- 仕事と勉強の両立は大変だが、できるかどうかは気持ち次第だ。

새로 나온 단어

サイト 사이트 | 警備(けいび) 경비 | 関係者(かんけいしゃ) 관계자 | 以外(いがい) 이외 | 立ち入り禁止(たちいりきんし) 출입 금지 | 無欲(むよく)だ 욕심이 없다 | 存在(そんざい) 존재 | 保険(ほけん) 보험 | しみじみ 절실히, 깊이 | 能力(のうりょく) 능력 | 成功(せいこう)する 성공하다 | 可能(かのう) 가능 | 両立(りょうりつ) 양립

구문연습

1 다음 보기와 같이 「~にしたら」를 이용하여 다음 회화를 완성하세요.

> 보기
> A: 私、いつもデートに15分は待たされるんです。
> B: **彼**にしたら15分ぐらいは何でもないと思っているのかもしれませんね。

1 A: 私ってどうしてこう毎日注意されるのかなあ。
   B: ＿＿＿＿にしたらもっと頑張ってほしいという気持ちだと思いますよ。

2 A: 来年から両親と同居しようかという話が出ているんです。
   B: それは＿＿＿＿にしたらとても嬉しいお話でしょうね。

2 다음 보기와 같이 「~と思ったら」를 이용하여 회화를 완성하세요.

> 보기
> A: ご主人、ゆうべ遅かったようですね。
> B: ええ。**酔っ払って帰ってきた**と思ったら、すぐ居間で寝てしまいました。

1 A: 昨日、地震があったんですってね。
   B: ええ。＿＿＿＿と思ったら、どんどん揺れが大きくなって怖くなりました。

2 A: お子さん、忘れ物が多いんですか。
   B: ええ。＿＿＿＿と思ったら、すぐ忘れ物を取りに帰ってくるんです。

❸ 다음 보기와 같이「～気味だ」를 이용하여 회화를 완성하세요.

> 보기
> A：退院してからよく食べるようになりましたね。
> B：ええ、それで最近ちょっと**太り**気味なんです。

1 A：ちょっと顔色が悪いようですが。
　B：ええ、昨日からちょっと_____気味で、頭が痛いんです。

2 A：去年に比べて、成績はどうですか。
　B：それが最近ちょっと_____気味で心配なんです。

❹「～上」를 이용하여 다음 문장을 완성하세요.

1 この土地の売買は、_____上禁止されている。

2 _____上窓口に来られない方は、郵送でもかまいません。

3 この国では_____上野菜以外は食べることができない。

새로 나온 단어

同居する 동거하다 | ゆうべ 어젯밤 | 酔っ払う 몹시 취하다 | 居間 거실 | 地震 지진 | 揺れ 흔들림 | 忘れ物 물건을 깜박 잊고 옴 | 退院する 퇴원하다 | 顔色 안색 | 成績 성적 | 土地 토지, 땅 | 売買 매매 | 禁止する 금지하다 | 窓口 창구 | 郵送 우송

구문연습

5 「～というものは」를 이용하여 다음 문장을 완성하세요.

1 女というものは_____。

2 独り暮らしというものは_____。

3 親というものは_____。

6 다음 보기와 같이 「～次第だ」를 이용하여 회화를 완성하세요.

> 보기
> A: いつまでもアルバイトではちょっと……。
> B: 正社員になれるかどうかは**本人の努力次第**だと思いますよ。

1 A: 梅雨が始まったので、来週のキャンプが心配です。
　B: 予定通り行われるかどうかは_____。

2 A: 100円ショップの品物ってすぐ壊れちゃうんです。
　B: 安い商品が長持ちするかどうかは_____。

새로 나온 단어

独り暮らし 독신 생활 | 正社員 정규 사원 | 本人 본인 | 努力 노력 | 梅雨 장마 | 行う 실시하다 | ショップ 숍, 상점 | 品物 물품, 물건 | 壊れる 부서지다, 고장나다 | 長持ち 오래 감

청해연습

1 다음 문장을 듣고 질문에 답하세요. CD1-09

（問）本文に出てこなかったストレス解消法はどれですか。

1

2

3

4

2 다음을 듣고 （　） 안에 들어갈 알맞은 말을 넣으세요. CD1-10

1 試験に合格するかどうかは自分の（　　　）である。

2 田中さんとは（　　　）でもプライベートでも、いいパートナーです。

3 けがのためレギュラーが二人ぬけたせいか、今日の試合は（　　　）。

4 子供が何歳になっても、（　　　）子供はいつまでも子供だ。

5 雨が（　　　）、またすぐ降り出した。

6 健康の（　　　）、病気になってはじめてわかることが多い。

독해연습

● 다음 글을 읽고 아래의 질문에 답하고 서로 이야기해 봅시다.

笑いの威力

昔から「笑う門には福来る」と言われるように、怒っているより笑っている方がいいことがありそうだ、というのは誰もが感じていることだろう。実際、心や体に何か問題を抱えている時には、なかなか心の底から笑えないことが多い。

1992年、日本心身医学会は、がん患者が大阪の吉本新喜劇を見て大笑いしたところ免疫力が活性化したと発表した。それが新聞に掲載されたことにより、「笑いの効果」が日本で知られるようになった。その後、1994年に「日本笑い学会」が設立され、2011年夏には第18回目の学術大会が開かれた。医療における笑いの効果への認識も一層深まってきている。

「笑う」という行為には一体どんな効果があるのだろうか。健康な人でも毎日体内でがん細胞が発生しているのだが、このがん細胞をやっつけてくれるのがNK(ナチュラルキラー：天然の殺し屋)細胞であり、このNK細胞こそ「笑う」ことによって増えるというのだ。「笑う」と脳が刺激されて神経へ伝わり、免疫機能や鎮痛作用のあるホルモンが分泌されると共に、NK細胞が活性化される。つまり、笑うことにより身体が活性化され、免疫コントロール、自己治癒力が向上するということだ。しかも、作り笑いでも効果があるという。

「笑い」による健康効果は、数多く報告されている。効果時間が長いうえ、副作用もない。笑いは素晴らしい天の妙薬だと言えよう。

1 「笑いの効果」が日本で知られるようになったきっかけは何でしたか。
2 医療における笑いの効果とはどんなものですか。
3 自分の生活の中に「笑い」を取り入れることについてどう思いますか。
4 笑うこと以外の健康的なストレス解消法について話し合ってみましょう。

03

お酒

술

학습 포인트

1 ～に決まっている
2 ～によっては
3 ～わけにはいかない
4 ～たあげく
5 ～に加えて
6 ～なんて

회화

1 部長の機嫌によっては

李　　橋本さん。今夜の打ち上げ、行きますよね。
橋本　あ、はい……。でも、何時ごろ終わるでしょうか。
　　　遅くなるとちょっと困るんですが……。
李　　じゃあ、様子を見て途中でそっと帰ったらいいですよ。
橋本　えっ、そんなの無理に決まってるじゃないですか。
李　　そうですねえ。部長の機嫌によっては抜けられないかも
　　　……。
橋本　僕、お酒、駄目なんですよ。
李　　ああ、そうでしたね。でも、今日の集まりは特別だから
　　　……。
橋本　そうなんです。行かないわけにもいかないし、気が重いなあ。

새로 나온 단어

打ち上げ 쫑파티 | 様子 상황, 상태 | 途中で 도중에 | そっと 살짝 | ～に決まっている 반드시 ～할 것이다 | 機嫌 기분 | ～によっては ～에 따라서는 | 抜ける 빠지다 | ～わけにもいかない ～할 수도 없다 | 気が重い 마음이 무겁다

2 酔っ払ったあげく 🎧 CD1-13

佐藤　李さん、ゆうべの飲み会、楽しかったですか。

李　　それが……、よく覚えていないんです。

佐藤　えっ、覚えてない？

李　　朝、目が覚めたらカラオケボックスにいたんです。

　　　酔っ払ったあげく、カラオケで朝まで寝てしまったようです。

佐藤　李さん、あまりお酒は飲めないって言ってたじゃありませんか。

李　　ええ。でも昨日はお酒好きな部長に加えて専務まで来て

　　　しまって……。

佐藤　他の人も朝まで一緒だったんですか。

李　　ええ。夜通しカラオケなんてしょっちゅうだそうです。

佐藤　話には聞いていましたけど、すごいですね。

📖 새로 나온 단어

飲み会 회식, 술자리 | 目が覚める (잠에서) 깨다, 눈을 뜨다 | カラオケボックス 노래방 |
～たあげく ～한 끝에, ～한 결과 | ～に加えて ～에 더하여 | 専務 전무(님) | 夜通し 밤새도록 |
～なんて ～같은 것 | しょっちゅう 항상

 문법

1 　～に決まっている　반드시 ～할 것이다

・最初から無理に決まっていると思うのは精神的に負けている証拠だ。
・去年も優勝しているし、今年もうちのチームが勝つに決まっている。

2 　～によっては　～에 따라서는

・A : この集会場はいつでも利用できるんですか。
　B : ええ、でも曜日によっては利用できない場合もあります。
・明日は全国的に雨模様でところによっては強く降る場合もあります。

3 　～わけにはいかない　～할 수는 없다

・同じ相手に2回も続けて負けるわけにはいかない。
・いくら生活が苦しくてもここで弱音を吐くわけにはいかない。

📖 **새로 나온 단어**

最初 처음, 최초 | **無理だ** 무리다 | **精神的** 정신적 | **負ける** 지다, 패하다 | **証拠** 증거 | **優勝する** 우승하다 | **チーム** 팀 | **集会場** 집회장 | **利用** 이용 | **場合** 경우 | **全国的** 전국적 | **雨模様** 비가 올 듯한 날씨 | **相手** 상대 | **続ける** 계속하다 | **生活** 생활 | **弱音を吐く** 나약한 소리를 하다

4 〜たあげく 〜한 끝에, 〜한 결과

- 二次会にいやいや連れて行かれ**たあげく**、三次会まで付き合わされた。
- 日米貿易協定は三日間続い**たあげく**、結論が出ないまま終わった。

5 〜に加えて 〜에 더하여

- ビール**に加えて**焼酎まで飲まされ、途中で記憶がとぎれてしまった。
- 舅**に加えて**まだ未婚の妹まで面倒を見ることになってしまった。

6 〜なんて 〜따위, 〜같은 것

- 口約束**なんて**約束のうちに入るものではない。
- A: どれがいいかな。たくさんありますね。

　B: 化粧品**なんて**どれも似ているから、何を買ったらいいかわからないですね。

새로 나온 단어

二次会 2차 모임 | いやいや 마지못해 | 三次会 3차 모임 | 付き合う 행동을 같이 하다 | 日米貿易 일미 무역 | 協定 협정 | 続く 계속되다 | 結論 결론 | 焼酎 소주 | 記憶 기억 | とぎれる 끊어지다 | 舅 시아버지 | 未婚 미혼 | 面倒を見る 돌봐주다 | 口約束 구두 약속 | うち 안, 범위 내 | 化粧品 화장품

구문연습

1 다음 보기와 같이 「~に決まっている」를 이용하여 회화를 완성하세요.

> 보기
> A: 彼に手作りのチョコをあげようと思ってるんです。
> B: 手作りだったら、**喜んでくれる**に決まってますよ。

1. A: うちの息子、来年受験なんです。
   B: 浪人して頑張ったんだから、_____に決まってますよ。

2. A: 彼女、お金貸してくれるでしょうか。
   B: ケチだから、_____に決まってますよ。

2 다음 보기와 같이 「~によっては」를 이용하여 회화를 완성하세요.

> 보기
> A: 今日のパーティーでは英語で自己紹介をしましょうか。
> B: 私は大丈夫ですが、人によっては**嫌がるかもしれませんね**。

1. A: 海外旅行はやっぱり治安のいいところじゃないとね。
   B: ええ。国によっては_____。

2. A: 明日の同窓会、参加できますか。
   B: 子供が風邪を引いてるので、場合によっては_____
   _____。

새로 나온 단어

手作り 손수 만듦 | 喜ぶ 기뻐하다 | 受験 수험, 입시 | 浪人 재수생 | ケチだ 인색하다, 구두쇠다 | 嫌がる 싫어하다 | 治安 치안 | 同窓会 동창회

3 다음 보기와 같이 「〜わけにはいかない」를 이용하여 회화를 완성하세요.

> 보기
> A: もう一度検査しますので、明日、来られますか。
> B: すみません。重要な会議があって**明日は休む**わけにはいかないんですが。

1 A: お宅、向かいのビルが建ってから日が当たらなくなったんじゃありませんか。
  B: ええ。でも、まだローンが残っているので＿＿＿＿わけにもいかなくて。

2 A: 今度もまた医学部を受験するんですか。
  B: ええ。親の期待が大きいので、＿＿＿＿わけにはいかないんです。

4 「〜たあげく」를 이용하여 다음 문장을 완성하세요.

1 １年間悩んだあげく、＿＿＿＿＿＿＿＿＿＿＿＿＿＿＿＿。

2 いろいろ考えたあげく、＿＿＿＿＿＿＿＿＿＿＿＿＿＿＿。

3 長い間待たされたあげく、＿＿＿＿＿＿＿＿＿＿＿＿＿＿＿。

새로 나온 단어

検査 검사 | 建つ 세워지다 | 日が当たらない 햇볕이 들지 않다 | ローン 론, 대부(금) | 残る 남다 | 医学部 의학부 | 期待 기대 | 悩む 고민하다

구문연습

5 다음 보기와 같이「～に加えて」를 이용하여 회화를 완성하세요.

> 보기
> A: 台風が近づいているようですね。
> B: ええ。大雨に加えて**風もずいぶん強くなってきました**ね。

1 A: アルバイトをまた一つ増やしたんですってね。
   B: ええ。学費に加えて＿＿＿＿＿＿＿＿＿＿＿＿＿＿＿＿。

2 A: 今日は忙しそうですね。
   B: ええ。数学の宿題に加えて＿＿＿＿＿＿＿＿＿＿＿＿＿＿＿＿。

6 다음 보기와 같이「～なんて」를 이용하여 회화를 완성하세요.

> 보기
> A: 新しいゲームソフトが発売されたそうですけど。
> B: いや、私はもう**テレビゲーム**なんて飽きちゃいましたよ。

1 A: また、ふられちゃったんですか。
   B: ええ。私はもう＿＿＿＿＿＿なんて絶対しないことに決めました。

2 A: お酒、お強いですね。
   B: ええ。＿＿＿＿＿＿なんて軽いですよ。

새로 나온 단어

近づく 접근하다 | 大雨 큰비 | 増やす 늘리다 | 学費 학비 | ゲームソフト 게임 소프트 | 発売 발매 | テレビゲーム 텔레비전 게임 | 飽きる 싫증나다, 물리다 | ふる 차다, 퇴짜놓다 | 絶対 절대로

청해연습

1 다음 대화를 듣고 질문에 답하세요. CD1-14

(問) 鈴木さんはきのう、何を飲みましたか。

2 다음을 듣고 ( ) 안에 들어갈 알맞은 말을 넣으세요. CD1-15

1 兄は進路について（　　　　　　　）カナダに留学することにした。

2 どうせ（　　　　　　　　）と、弟は大学入試の勉強をしない。

3 契約に関わる大事なプレゼンテーションだから（　　　　　）。

4 たばこを吸わない人はよく「（　　　　）簡単だ」と言うが、実は難しい。

5 母は新しい傘を買ったと喜んでいるが、またすぐ（　　　　　）。

6 台風の影響で（　　　　　）浸水などの被害が発生している。

독해연습

● 다음 글을 읽고 아래의 질문에 답하고 서로 이야기해 봅시다. CD1-16

酒に弱いのは誰のせい？

　遺伝子の型には３種類あり、それぞれが「酒に強い」「酒に弱い」「ほとんど飲めない」という体質に対応していることがわかってきた。酒に強いか弱いかの決め手は、酔いを引き起こすアセトアルデヒドという有害物質を分解する酵素（ALDH２）を持っているかどうかであり、ALDH２のあるなしは、遺伝子の型で決まっているという。

　欧米人には酒に弱い人はほとんどいないのに対して、東洋人には酒に弱い人が多く、なかでも日本人は「酒に弱い」「ほとんど飲めない」をあわせると約半分に達するそうだ。つまり、欧米人の場合は、ほとんどがALDH２を持っているためアルコールに強い一方、東洋人はALDH２を欠損している人が多いため、体質的にアルコールに弱いといえる。特に日本人、中国人の欠損率はそれぞれ44％、41％と高率で、韓国人28％、フィリピン人13％と続く。

　お酒を飲んで赤くなったり、気持ち悪くなるのはアセトアルデヒドのせいなのだから、その処理能力が上戸と下戸を分けることになる。こればかりは自分の意思でどうにかなるというものではない。昔より"酒は百薬の長"などといい、確かに程よい飲酒は、私たちの身体に良い効果をもたらしてくれると言われているが、いずれも「適量」のアルコールがもたらす効果であることを忘れてはならないだろう。

1　日本人、中国人、韓国人、フィリピン人を酒に強い体質を持つ順に並べなさい。
2　上戸と下戸は何によって分かれると言っていますか。
3　韓国人（男女共）の飲酒率が年々上昇していることについてどう思いますか。
4　軽い飲酒の長所や飲みすぎの短所について話し合ってみましょう。

04

ダイエット
다이어트

학습 포인트

1 〜うちに
2 〜を通して
3 〜ついでに
4 〜一方だ
5 〜おかげだ
6 〜のあまり

회화

1 あと3キロはやせたい CD1-17

李　　それ、何の薬ですか。

田中　これですか。寝ているうちにやせられるというダイエットの薬です。

李　　ダイエット？　田中さんはやせる必要がないと思いますけど。

田中　いえいえ。あと3キロはやせたいんです。3ヶ月で10キロ落とした友人がいて、これはその子を通して買いました。

李　　ネットで注文したんですか。

田中　ええ。その友人が買うついでに私の分も注文してもらったんです。

李　　でも、ダイエットのための薬って、体に良くないんじゃありませんか。

田中　そうですね。でも、背に腹はかえられないと言いますから。

새로 나온 단어

~うちに ~하는 사이에 | あと 앞으로, 아직 | 落とす 빼다, 떨어뜨리다 | ~を通して ~을 통해서 | ネット 인터넷 | ~ついでに ~하는 김에 | 背に腹はかえられない 배를 등과 바꿀 수는 없다(목표를 위해서는 다른 일이 희생되어도 할 수 없다는 말)

2 運動したおかげ CD1-18

李 　木村さんはスタイルがいいですね。

木村　え、そうですか。ありがとうございます。

　　　でも、食べることが大好きで、１年前までは太る一方だったんですよ。

李 　どうやってやせたんですか。

木村　６ヶ月間、毎晩寝る前に運動したおかげです。

李 　やっぱりやせるには運動が一番のようですね。

木村　ええ。目標体重を達成した日は、嬉しさのあまり眠れませんでした。

李 　無理してやせても、元の体重に戻る場合が多いらしいですね。

木村　ええ、リバウンドしないように気をつけないと……。

새로 나온 단어

スタイルがいい 날씬하다 | ～一方だ ～하기만 하다 | おかげ 덕분, 덕택 | 目標 목표 | 体重 체중 | 達成する 달성하다 | 嬉しさ 기쁨 | ～のあまり ～한 나머지 | 元 전의 상태, 본래 | リバウンド 리바운드, 요요현상

문법

1 **～うちに** ～하는 사이에

- ここ数年の**うちに**この町もずいぶん変わってきた。
- バスの中でバタバタと探し物をする**うちに**目的地に着いてしまった。
- cf 地球温暖化がこれ以上進まない**うちに**より具体的な対策を立てる必要がある。

2 **～を通して** ～을 통해서

- 貿易会社**を通して**外国の紅茶を手に入れた。
- 専門家**を通して**この問題の重要さを語ってもらった。

3 **～ついでに** ～하는 김에

- ジョギングの**ついでに**山から湧き水も汲んできた。
- 大阪の友だちのところに行く**ついでに**京都まで足をのばしてみた。

새로 나온 단어

ここ 요, 요새 | 数年 수년 | バタバタ 분주한 모양 | 探し物をする 물건을 찾다 | 目的地 목적지 | 地球温暖化 지구온난화 | これ以上 더 이상 | 具体的 구체적 | 対策を立てる 대책을 세우다 | 必要 필요 | 手に入れる 손에 넣다 | 専門家 전문가 | 重要さ 중요함 | 語る 말하다 | 湧き水 약수 | 汲む 푸다, 긷다 | 足をのばす 발길을 뻗치다

4 〜一方だ 〜하기만 하다

- 視界はもはや10メートルもなく、霧はどんどん深くなる一方だった。
- 一億総中流階級といわれた日本だが、最近経済の格差は広がる一方だ。

5 〜おかげだ 〜덕분이다, 〜덕택이다

- 外国生活が寂しくなかったのはこの愛犬のおかげだ。
- 干ばつが解消されたのはまとまった量の雨が降ってくれたおかげだ。

6 〜のあまり 〜한 나머지

- 何十年かぶりに故郷を訪れ、懐かしさのあまり涙が出てきた。
- 第一志望の不合格を知り、失意のあまり3日間ほど部屋にこもっていた。

새로 나온 단어

視界 시야 | もはや 벌써, 이미 | 霧 안개 | 一億総中流階級 1억 총 중류계급 | 格差 격차 | 愛犬 애견 | 干ばつ 한발, 가뭄 | 解消する 해소하다 | まとまった量 제대로 된 양 | 〜ぶりに 〜만에 | 故郷 고향 | 訪れる 방문하다 | 懐かしさ 그리움 | 第一志望 제1지망 | 不合格 불합격 | 失意 실의 | こもる 두문불출하다, 틀어박히다

구문연습

1 다음 보기와 같이「~うちに」를 이용하여 회화를 완성하세요.

> 보기
> A: お子さん、もうひらがなが読めるんですか。
> B: ええ。**絵本を読んであげている**うちにいつの間にか覚えてしまったようです。

1 A: 最近、吉田さんと仲がいいですね。
　B: 何回か＿＿＿＿＿＿うちに話すようになったんです。

2 A: 大変なことって何ですか。
　B: それが、＿＿＿＿＿＿うちに借金の保証人にされていたんです。

2 다음 보기와 같이「~を通して」를 이용하여 회화를 완성하세요.

> 보기
> A: 奥さんとはどうやって知り合ったんですか。
> B: **大学の先輩**を通して知り合いました。

1 A: その外国の薬、どこで手に入れたんですか。
　B: ＿＿＿＿＿＿を通して手に入れました。

2 A: その仕事はどうやって見つけたんですか。
　B: ＿＿＿＿＿＿を通して見つけました。

❸ 「～ついでに」를 이용하여 다음 문장을 완성하세요.

1 _____ついでに、銀行にも寄ってきてほしいと頼んだ。

2 _____ついでに、洗車もしてきた。

3 _____ついでに、昔の友だちに会ってきた。

❹ 다음 보기와 같이 「～一方だ」를 이용하여 회화를 완성하세요.

> 보기
> A : 景気はどうですか。
> B : 厳しいですね。近くに大型スーパーが出来て、**お客さんは減る一方ですよ。**

1 A : お子さんのアトピー、よくなりましたか。
  B : 薬が合わないんでしょうか。_____一方なんですよ。

2 A : 東京の生活はどうですか。
  B : 物価がどんどん高くなるので、_____一方ですよ。

📋 새로 나온 단어

絵本 그림책 | いつの間にか 어느샌가 | 借金 돈을 꿈, 빚 | 保証人 보증인 | 知り合う 서로 알다 | 見つける 발견하다, 찾다 | 寄る 들르다 | 洗車 세차 | 景気 경기 | 大型 대형 | 減る 줄다, 감소하다 | アトピー 아토피 | 物価 물가

구문연습

5 다음 보기와 같이「～おかげだ」를 이용하여 회화를 완성하세요.

> 보기
> A：就職、おめでとう。
> B：ありがとうございます。**先生が相談に乗ってくださった**おかげです。

1　A：よく迷わないで来られましたね。
　　B：ええ。＿＿＿＿＿＿＿＿＿＿＿＿＿＿＿＿＿おかげです。

2　A：風邪がひどくならなくて良かったですね。
　　B：はい。＿＿＿＿＿＿＿＿＿＿＿＿＿＿＿＿＿おかげだと思います。

6 「～のあまり」를 이용하여 다음 문장을 완성하세요.

1　＿＿＿＿＿＿＿のあまり、トイレに何回も行ってしまいました。

2　＿＿＿＿＿＿＿のあまり、涙で前が見えませんでした。

3　＿＿＿＿＿＿＿のあまり、しばらく動けなくなってしまいました。

새로 나온 단어

相談に乗る 상담에 응하다 ｜ 迷う 헤매다, 망설이다 ｜ しばらく 잠시, 잠깐

청해연습

1 다음 대화를 듣고 질문에 답하세요. CD1-19

(問) ダイエットで結局、何キロやせましたか。

1

2

3

4

2 다음을 듣고 (   ) 안에 들어갈 알맞은 말을 넣으세요. CD1-20

1　子供をなくした両親は（　　　　　　）病気になってしまった。

2　その会社はCMやポスターなどの（　　　　　　）広く知られている。

3　外国で長く（　　　　　　）母国語を忘れてしまうことがある。

4　A：就職活動はどうですか。
　　B：景気も良くないし、（　　　　　　）ですよ。

5　虫歯の治療を（　　　　　　）他の歯も検査してもらった。

6　小さい頃からそろばんを（　　　　　　）計算は得意だ。

독해연습

● 다음 글을 읽고 아래의 질문에 답하고 서로 이야기해 봅시다.

肥満には「ワケ」がある

　太りやすさに関係しているDNAの型を新たに発見したと、米ボストン大を中心とする欧米の研究チームが米科学誌サイエンスに発表した。これは、米国人約700人の血液サンプルと体格データを使って、DNAの配列と肥満との関係を解析したものである。その結果、この型を持っていると、そうでない人より1.3倍肥満になりやすいということがわかり、肥満の予防や治療法の開発につながると期待されている。

　しかし、肥満の原因の多くは、そういった先天的なもの以上に後天的な生活習慣によるものであることは明白である。肥満には「ワケ」があり、その原因を排除せずに他の方法に頼ろうとする事は根本的な解決にならないのである。

　飲むだけで痩せる、代用食品を使用するなど、数多くの民間痩身法があるが、これらはほとんどが「今のままの生活」で痩せたい人の心をつかむために広く流通しているものである。ダイエット成功の秘訣は、普段の生活習慣にあることを知る必要があるだろう。自分の生活習慣を省みずに減量は行えない。肥満治療に行動療法 ― 即ち、自分の食生活や行動、体重の変化などを細かく書き出し、肥満につながる行動、クセなどを自分で認識して修正する方法 ― が大きな役割を果たす理由はそこにある。

1　肥満の先天的原因とは何ですか。
2　肥満治療に行動療法が効果的である理由について述べなさい。
3　標準体重にもかかわらずダイエットをすることについてどう思いますか。
4　リバウンドのないダイエット法について話し合ってみましょう。

05

携帯電話
휴대전화

학습 포인트

1 ~をぬきにしては
2 ~てからでないと
3 ~ものだから
4 ~うえに
5 ~かねる
6 ~もかまわず

 회화

1 携帯をぬきにしては CD1-22

李　　上村さんっていつも携帯電話を手に持ってますね。

上村　ええ。私の仕事は携帯をぬきにしては成り立ちませんので。

李　　じゃあ、なくさないように注意しないといけませんね。

上村　そうなんです。毎朝、携帯を持っていることをちゃんと確認してからでないと家も出ることができません。

李　　最近はそういう人が増えたかもしれませんね。

上村　去年は新しい携帯を買った後、すぐなくしてしまったものだから会社で大騒ぎしてしまいました。

李　　それは大変でしたね。

📖 새로 나온 단어

~をぬきにしては ~을 빼고서는 | 成り立つ 성립하다 | ちゃんと 확실히, 분명히 |
~てからでないと ~한 후가 아니면 | ~ものだから ~하니까, ~이어서 | 大騒ぎ 큰 소동

2 マナーの悪さ 🎧 CD1-23

佐藤　今朝、電車の中ですごくマナーの悪い人がいたんですよ。

李　　どんな人だったんですか。

佐藤　携帯で話していたんですが、声が大きいうえに長電話なのでとても迷惑でした。

李　　ああ、そういう人、私も見たことがあります。

佐藤　しばらく我慢していたんですが、近くの人が見かねて注意していましたよ。

李　　迷惑になるということがどうしてわからないんでしょうね。

佐藤　全くです。人目もかまわず大きな音で音楽を聞く人もいますし。

李　　ええ。あまりのひどさに私も一言注意したことがありますよ。

佐藤　携帯は便利だけれど、マナーをしっかり守る必要がありますね。

📖 새로 나온 단어

マナー 매너 | ～うえに ～인 데다가 | 長電話 긴 전화통화 | 迷惑 폐 | 我慢する 참다, 견디다 | ～かねる ～할 수 없다, ～하기 어렵다 | 全く 정말로, 참으로 | 人目 남의 눈, 이목 | ～もかまわず ～도 상관하지 않고 | あまりの～ 너무~ | ひどさ 심함 | しっかり 반드시, 분명히 | 守る 지키다

 문법

1 ～をぬきにしては ～을 빼고서는

- 女手一つで育ててくれた母をぬきにしては私の生い立ちは語れない。
- 核問題の解決をぬきにしては平和問題は解決できない。

2 ～てからでないと ～한 후가 아니면

- 編入するならその学校のことをよく調べてからでないとあとで後悔しますよ。
- 国民の理解を得てからでないと消費税の値上げは難しいだろう。

3 ～ものだから ～하니까, ～이어서

- そこの店員さんがあまりにも親切なものだからつい買ってしまいました。
- 失恋して激しく泣いたものだから、翌日は別人のように目が腫れてしまった。

새로 나온 단어

女手一つで 여자 혼자의 힘으로 | 育てる 키우다, 기르다 | 生い立ち 성장 과정 | 核問題 핵문제 | 解決 해결 | 平和 평화 | 編入する 편입하다 | 後悔する 후회하다 | 国民 국민 | 理解 이해 | 得る 얻다 | 消費税 소비세 | 値上げ 가격 인상 | つい 자신도 모르게, 그만 | 失恋する 실연하다 | 激しい 심하다, 세차다 | 翌日 다음 날 | 別人 딴 사람 | 腫れる 붓다

4　〜うえに　~인 데다가

- 彼女は背が高い**うえに**体格もいいので、釣り合う男性がなかなかいない。
- あの議員は、公金横領の疑いが持たれていた**うえに**事件を起こし再選は難しくなった。

5　〜かねる　~할 수 없다, ~하기 어렵다

- 最近の子供たちの名前は、漢字だけで見ると何と読むのか判断し**かねる**ものが多い。
- 関係者以外の方からのメールにはお答えし**かねる**場合がございます。

6　〜もかまわず　~도 상관하지 않고

- 父は体調がすぐれないの**もかまわず**仕事に出かけた。
- 人目**もかまわず**空いた席に飛び込んだ母に多くの視線が注がれた。

새로 나온 단어

体格 체격 | 釣り合う 어울리다 | 議員 의원 | 公金横領 공금횡령 | 疑い 혐의, 의심 | 事件 사건 | 起こす 일으키다 | 再選 재선 | 判断する 판단하다 | 体調 몸의 상태, 컨디션 | すぐれない 좋은 상태가 아니다 | 飛び込む 뛰어들다 | 多くの 많은 | 視線 시선 | 注ぐ 쏟다, 집중하다

구문연습

1 「～をぬきにしては」를 이용하여 다음 문장을 완성하세요.

1 _____をぬきにしては、カラオケ大会は開けない。

2 私が医師になったきっかけは、_____をぬきにしては語れない。

3 今回のプロジェクトの成功は、_____をぬきにしては考えられない。

2 다음 보기와 같이 「～てからでないと」를 이용하여 회화를 완성하세요.

> 보기
> A: この販売機、お金入れたんですけど食券が出てこないんです。
> B: **ああ、これは初めにボタンを押してからでないと駄目なんですよ。**

1 A: 試合の前にそんなに食べて大丈夫ですか。
　 B: _____てからでないと試合に集中できないんですよ。

2 A: このゲーム、どうやったら次のステージに進めるんですか。
　 B: _____てからでないと次には進めないんですよ。

새로 나온 단어

医師 의사 | 販売機 판매기 | 食券 식권 | 集中 집중 | ステージ 장면 | 進む 나아가다 | 転ぶ 넘어지다 | 別れる 헤어지다 | ずぶ濡れ 흠뻑 젖음 | つかまる 잡히다 | 傷がつく 흠집이 생기다

❸ 다음 보기와 같이 「〜ものだから」를 이용하여 회화를 완성하세요.

> 보기
> A：その怪我、どうしたんですか。
> B：**あまりにも急いだ**ものだから、転んでしまったんです。

1　A：うちに寄ってくれたら良かったのに。
　　B：すみません。＿＿＿＿＿＿＿ものだから、そのまま帰ってきて
　　　しまいました。

2　A：彼とはあんなに仲が良かったのに、どうして別れたんですか。
　　B：＿＿＿＿＿＿＿ものだから、どうしても我慢できなかったんです。

❹ 다음 보기와 같이 「〜うえに」를 이용하여 회화를 완성하세요.

> 보기
> A：昨日はずぶ濡れで大変だったようですね。
> B：ええ。**雨に降られた**うえに、タクシーもつかまらず本当に
> 　　困りました。

1　A：携帯電話、ずいぶん傷がついていますね。
　　B：ええ。＿＿＿＿＿＿＿うえに、何度も落としましたからね。

2　A：前田さん、部長にかなりきつく怒られたようですね。
　　B：ええ。＿＿＿＿＿＿＿うえに、重要な書類をなくしたらしいんです。

구문연습

5 「～かねる」를 이용하여 다음 문장을 완성하세요.

1 親が心配するので_____ことを言い出しかねている。

2 _____に耐えかねて離婚する女性が多いらしい。

3 _____を見かねてついに警察に通報した。

6 「～もかまわず」를 이용하여 다음 문장을 완성하세요.

1 彼はこの雨の中、_____もかまわず帰ってしまった。

2 母は_____もかまわず出掛けるので恥ずかしい。

3 隣の夫婦はいつも_____もかまわず大きな声で喧嘩をする。

새로 나온 단어

耐える 참다, 견디다 | ついに 드디어, 마침내 | 警察 경찰 | 通報 통보 | 夫婦 부부 | 喧嘩 싸움

청해연습

1 다음 대화를 듣고 질문에 답하세요. CD1-24

(問) 男の人はどの携帯を買いますか。

1

2

3

4

2 다음을 듣고 ( ) 안에 들어갈 알맞은 말을 넣으세요. CD1-25

1 子供たちは服が（　　　　　　　）泥遊びをしている。

2 今や、現代人の生活は（　　　　　　　　　）語れない。

3 きのう夜勤で（　　　　　　　）眠くてたまらない。

4 社長が（　　　　　　　）正式な契約はできません。

5 都心では、車よりも電車に乗るのが（　　　　　　）速いことが多い。

6 会議では反対しなかったが、個人的に彼の意見には（　　　　　　）。

독해연습

● 다음 글을 읽고 아래의 질문에 답하고 서로 이야기해 봅시다.

「スマホ」急伸中

　ある調査によると、スマートフォンを持っていない大学生の55％が疎外感を感じたことがあると答え、72.5％は年内に買う予定だという。この調査結果は、スマートフォンを持っているかどうかが人間関係の一つの尺度になっているという現状を窺わせる。

　スマートフォンとは、携帯電話にパソコンやPDA（携帯情報端末）の機能が備わったもので、従来の携帯電話と比べ、情報収集や情報共有の能力が強化され、ウェブサイトの閲覧などをよりスピーディーに行うことができる。アプリなどをインストールしていくことで、自分好みにカスタマイズさせていくことができる点もその"面白さ"を増幅させる要因となっている。

　2011年6月現在、日本におけるスマートフォンの保有率は12％。アメリカ42％、韓国35％、イギリス26％に比べるとまだまだ少ない。日本では、従来の携帯電話がスマートフォンに近い機能を持っているため、わざわざスマートフォンに乗り換える必要性を感じないという人が多いからだ。また、スマートフォンの問題点も指摘されている。例えば、ほんの少しの空き時間にも手にとって見るようになり、何も考えないでいる時間がなくなってしまうことによる弊害も出てきているという。

　それでも、今後日本におけるスマートフォン市場は確実に伸びていく傾向にある。スマートフォンが社会文化の中心になるのは時間の問題だろう。

1　スマートフォンは従来の携帯電話と比べると何が違いますか。
2　日本におけるスマートフォンの保有率がまだまだ少ないのは何故ですか。
3　スマートフォンを持っていないことで疎外感を感じるということについてどう思いますか。
4　スマートフォンの弊害にはどんなものがあるか話し合ってみましょう。

06

ペット
애완동물

학습 포인트

1 ～以上
2 ～ものだ
3 ～に比べて
4 ～ほど
5 ～はともかく
6 ～にしろ～にしろ

회화

1 飼うと決めた以上

李　田中さん、マルチーズを飼い始めたそうですね。

田中　ええ。動物を飼うのはあまり好きじゃなかったんですけど、飼ってみると思ったよりかわいいですね。

李　世話が大変じゃありませんか。

田中　そうですね。でも、飼うと決めた以上、がんばるつもりです。

李　僕も子供の頃犬を飼っていて、よく一緒に公園を走ったものです。

田中　韓国でもペットを飼っている人は多いんですか。

李　ええ、結構いますよ。アパートで動物を飼う人も以前に比べて増えてきたようです。

새로 나온 단어

マルチーズ 몰티즈 | **飼い始める** 기르기 시작하다 | **世話** 보살핌 | **〜以上** 〜(한) 이상 | **〜ものだ** 〜하곤 했다 | **ペット** 애완동물 | **結構** 상당히, 많이 | **〜に比べて** 〜에 비해서

2 隣の犬がうるさくて CD1-28

李　　橋本さん、眠そうですね。

橋本　ええ。隣の犬がうるさくて、夜まともに寝られないんですよ。

李　　そんなに大変なんですか。

橋本　もう引っ越ししようかと思うほどです。
　　　ペット禁止のマンションじゃないともう耐えられないかも。

李　　引っ越しの話はともかく、ちゃんと話は伝えたんですか。

橋本　もちろんです。でも、何度言っても無視されたままで……。

李　　僕もピアノの音がうるさくて困ってますが、どこも同じですね。

橋本　ペットにしろピアノにしろ、回りへの迷惑を考えてほしいですよね。

새로 나온 단어

うるさい 시끄럽다 | まともに 제대로 | ～ほど ~정도 | マンション 맨션, 아파트 | 耐える 참다 | ～はともかく ~은 차치하고 | 伝える 전하다 | 無視する 무시하다 | ～にしろ～にしろ ~하든 ~하든 | 回り 주위, 주변

문법

1 　～以上　～(한) 이상

- この会社の社員である**以上**、会社の名を汚すような行動は慎んでください。
- やるといった**以上**、何があってもやり遂げるつもりだ。

2 　～ものだ　～하곤 했다

- 私が大学生の頃は徹夜で飲み歩いた**ものだ**。
- 私が幼稚園の頃、母はよく自転車で送ってくれた**ものです**。

cf 子供というものは、どこに行っても落ち着きのない**ものだ**。

　　あんな難しいレポートをよく短期間で仕上げた**ものだ**。

3 　～に比べて　～에 비해서

- 今年は例年**に比べて**暑さが厳しかった。
- 男性**に比べて**女性の方がアルコール依存症に陥りやすいと言われている。

새로 나온 단어

名 이름 | 汚す 더럽히다 | 慎む 삼가다, 조심하다 | やり遂げる 완수하다 | 徹夜 철야 | 飲み歩く 여러 술집을 돌며 마시다 | 落ち着き 침착성 | 短期間 단기간 | 仕上げる 일을 끝내다 | 例年 예년 | アルコール 알코올 | 依存症 의존증 | 陥る 빠지다

4 〜ほど ～정도

- 涙なしで見られない**ほど**感動的なストーリーであった。
- 時間の経つのを忘れる**ほど**熱中して読んでいた。

5 〜はともかく ～은 차치하고

- 数学について**はともかく**、国語はまずまずのできだったと思う。
- ホテルのランク**はともかく**、交通の便がいいかどうかが気になる。

6 〜にしろ〜にしろ ～하든 ～하든

- ワイン**にしろ**ビール**にしろ**、飲み過ぎは体に悪い。
- お見合いを承諾する**にしろ**断る**にしろ**、先方には早めに返事しなければならない。

새로 나온 단어

〜なしで ～없이 | 感動的だ 감동적이다 | ストーリー 이야기 | 経つ 지나다, 경과하다 | 熱中する 열중하다 | まずまず 그저 그런, 그런대로 | でき 결과, (학교의) 성적 | ランク 랭크, 순위 | 交通の便 교통편 | 承諾する 승낙하다 | 断る 거절하다 | 先方 상대(방) | 早めに 조금 일찍, 일찌감치

구문연습

1 다음 보기와 같이 「~以上」를 이용하여 회화를 완성하세요.

> **보기**
> A : 問題がちょっと大きくなってしまったようですが。
> B : まあ、**こうなった**以上、やるしかないですよ。

1　A : 山田さんが、どうしても通訳をやらせてほしいと言うんですけど。
　　B : ＿＿＿＿＿＿＿＿＿＿＿＿＿＿以上、任せないわけにはいきませんね。

2　A : 資金の都合がなかなかつかないんです。
　　B : でも、＿＿＿＿＿＿＿＿＿＿＿＿＿＿以上、期限はきちんと守って
　　　　いただかないと困ります。

2 다음 보기와 같이 「~ものだ」를 이용하여 회화를 완성하세요.

> **보기**
> A : 前田さんも昔ビー玉で遊びましたか。
> B : ええ。小学生の頃、**よく教室で遊んだ**ものです。

1　A : お父さんは厳しい方ですか。
　　B : ええ。小さい時は＿＿＿＿＿＿＿＿＿＿＿＿＿＿＿＿＿ものです。

2　A : 子守唄を覚えていますか。
　　B : ええ。母が昔、＿＿＿＿＿＿＿＿＿＿＿＿＿＿＿＿＿ものです。

3 「〜に比べて」를 이용하여 다음 문장을 완성하세요.

1. 釜山は＿＿＿＿＿に比べて、人口が少ない。

2. 日本の医療費は＿＿＿＿＿に比べて、それほど高くはない。

3. 魚は＿＿＿＿＿に比べて、カロリーが低い。

4 다음 보기와 같이「〜ほど」를 이용하여 회화를 완성하세요.

> 보기
> A : うち、夜になると、酔っ払った人の声がすごくうるさいんです。
> B : うちも同じですよ。**夜中に目が覚める**ほどですから。

1. A : あの女優、ずいぶん人気が落ちましたね。
   B : そうですね。昔は＿＿＿＿＿＿＿＿＿＿ほどだったのに。

2. A : まだ４月なのに、今日はすごく暑かったですね。
   B : ええ。思わず＿＿＿＿＿＿＿＿＿＿ほどです。

새로 나온 단어

通訳 통역 | 任せる 맡기다 | 資金 자금 | 都合がつく 이리저리 변통되다 | 期限 기한 | きちんと 정확히, 깔끔히 | ビー玉 유리구슬 | 子守唄 자장가 | 人口 인구 | 医療費 의료비 | それほど 그렇게, 그다지 | カロリー 칼로리 | 落ちる 떨어지다 | 思わず 엉겁결에

구문연습

5 「〜はともかく」를 이용하여 다음 문장을 완성하세요.

1 ＿＿＿＿＿＿はともかく、まずは練習に励むことが先だ。

2 ＿＿＿＿＿＿はともかく、今の彼が信頼できるかどうかが問題だ。

3 ＿＿＿＿＿＿はともかく、重要なのは本当に実行できる計画なのかどうかである。

6 다음 보기와 같이 「〜にしろ〜にしろ」를 이용하여 회화를 완성하세요.

> 보기
> A: 彼女、僕の気持ちに気付いたようなんですよ。
> B: **好き**にしろ**嫌い**にしろ、感情は相手に伝わりますからね。

1 A: 夏期講習に行こうかどうしようか迷っているんです。
　B: ＿＿＿にしろ＿＿＿にしろ、先生に連絡した方がいいですよ。

2 A: ここの家具はちょっと高いですね。
　B: ＿＿＿にしろ＿＿＿にしろ、どっちみち買わないといけないんですよ。

새로 나온 단어

| 励む 힘쓰다 | 信頼 신뢰 | 実行 실행 | 気付く 알아차리다, 깨닫다 | 感情 감정 | 伝わる 전해지다 | 夏期 하기 | 講習 강습 | 家具 가구 | どっちみち 어떻든, 결국은

청해연습

1 다음 문장을 읽고 질문에 답하세요. CD1-29

(問) 犬が起こす問題行動の説明になかったものはどれですか。

1

2

3

4

2 다음을 듣고 ( ) 안에 들어갈 알맞은 말을 넣으세요. CD1-30

1 やると（　　　　　　　　　）、途中で投げ出すわけにはいかない。

2 子供の頃、夏休みは父とよく（　　　　　　　　　）。

3 何と言っても東京は他の（　　　　　　　　　）物価が高い。

4 彼女との婚約が決まって、うれしくて夜も（　　　　　　　　　）。

5 その人と（　　　　　　　　　）、とりあえずつきあってみることにした。

6 結婚式の招待状の返事は（　　　　　　　　　）早めに出すべきだ。

● 다음 글을 읽고 아래의 질문에 답하고 서로 이야기해 봅시다.

コンパニオンアニマルとの暮らし

「コンパニオンアニマル」という言葉がある。この呼称は、特に近年では社会の高齢化や少子化に伴い、生活を充実させるために飼育している動物に対しての特別な感情を示すために使われ始めた。従来の単なる愛玩物、所有物扱いの「ペット」に対し、生活して行く上で人間とより密接な関係を持ち、家族の一員として共生する動物のことを指す。

日本における犬猫の飼育数は、2010年度の調査によると犬は約1186万頭、猫は約961万頭となっており、合わせて2147万頭というのは、15歳未満の子供の総人口数1701万人を上回る数値である。飼育頭数も延びているが、現在、急速に向上しているのが犬の屋内飼育率で、野外飼育を抜き全体の65%を超えた。

この急激な変化の背景には、「集合住宅の常識」が変わってきたことが挙げられる。首都圏で建設されている分譲マンションのうち、ペット飼育ができる物件は2007年度には約80%に上り、年々加速度的に増加している。いまや「ペットお断り」を探すのが難しいほどだ。

しかし、集合住宅でのペットの飼育に反対の声も少なくない。「コンパニオンアニマル」も人間ではない以上、必ずしも人間の友人と同じ扱いが出来ないケースも見られる。個人が自分の住居内で動物を人間と同等に扱うのは個人の自由であるが、社会的にもそれが認められるかは、また別の問題である。

1 「コンパニオンアニマル」という言葉が現れた背景は何ですか。
2 「集合住宅の常識」がどのように変わってきましたか。
3 犬の屋内飼育についてどう思いますか。
4 集合住宅でのペット飼育の際に気をつけなければいけないことについて話し合ってみましょう。

07

友情
우정

학습 포인트

1 ～くらい～はない
2 ～にとって
3 ～がちだ
4 ～どころか
5 ～とおり/どおり
6 ～にしても

회화

1 一番の親友 CD1-32

李　木村さん、昨日一緒にいた人は誰ですか。
　　とても仲がよさそうでしたけど。
木村　ああ、彼女は高校時代からの友人で、私の一番の親友です。
李　そうですか。親友がいるっていいですよね。
木村　ええ。彼女ぐらい親身になってくれる友人はいません。
　　楽しい時も辛い時もいつも一緒です。
李　木村さんにとってなくてはならない存在ですね。
木村　ええ。ただ、彼女は病気がちなので、それがちょっと
　　気になります。
李　そうなんですか。それは心配ですね。
木村　でも、きっと良くなると信じています。

새로 나온 단어

高校時代 고교시절 | 親友 친한 친구 | ～くらい～はない ～만큼 ～은 없다 | 親身になる (육친처럼) 마음을 쓰다 | ～にとって ～에(게) 있어서 | ～がちだ ～하는 경향이 있다 | 気になる 걱정되다, 신경 쓰이다

2 友情って CD1-33

佐藤　最近、友情って何だろうって考えてしまうんですよ。

李　　何かあったんですか。

佐藤　昔からの友人がいるんですけど、去年ぐらいから電話どころか
　　　メールの返事も来なくなりましてね。

李　　そうなんですか。どうしたんでしょうね。

佐藤　先日電話したら、予想どおり忙しそうだったんですが……。
　　　でも、忙しいにしても、ちょっと冷たいと思いませんか。

李　　うーん。その人との間に何かありませんでしたか。

佐藤　僕も考えたんですけど、特に思い当たらないんですよ。

李　　難しいですね……。

佐藤　友情ってそんなものなんでしょうか。

새로 나온 단어

友情 우정 | ～どころか ～은커녕 | 予想 예상 | ～どおり ～대로 | ～にしても ～라고 해도 |
思い当たる 짐작이 가다

문법

1　～くらい～はない　～만큼 ～은 없다

- うちの母くらい毎日忙しくしている人はいない。
- ハイヒールで踏まれるくらい痛いものはない。

2　～にとって　～에(게) 있어서

- 幼児にとって舐めることは物を認識する大切な行為である。
- 日本にとって米とは自給自足できる唯一の農産物である。

3　～がちだ　～하는 경향이 있다

- 留守がちな母に代わって彼はいつも妹の面倒を見ていた。
- 初心者は今回のようなミスを犯しがちなので注意が必要だ。

새로 나온 단어

ハイヒール 하이힐 | 幼児 유아 | 舐める 핥다, 빨다 | 認識する 인식하다 | 行為 행위 | 米 쌀 | ～とは ～란, ～라는 것은 | 自給自足 자급자족 | 唯一 유일 | 農産物 농산물 | ～に代わる ～을 대신하다 | 初心者 초심자, 초보자 | ミス 실수, 실패 | 犯す 범하다, 어기다

4 〜どころか ~은커녕

- 弟は車どころか自転車にも乗れない。
- 人がいっぱいで説明を聞くどころか会場に入ることもできなかった。

5 〜とおり／どおり ~대로

- 彼は約束どおり5時ちょうどにその店の前で待っていた。
- 人生は自分が思ったとおりにはいかないものだ。

6 〜にしても ~라고 해도

- 忙しくて家に帰れなかったにしてもせめて電話で一言言ってほしかった。
- 仕事がたまっているにしても、睡眠はしっかり取らないと体がもたない。

새로 나온 단어

会場 회장 | **せめて** 하다못해, 적어도 | **睡眠を取る** 수면을 취하다 | **もつ** 오랫동안 유지하다, 지탱하다

구문연습

1 「~くらい~はない」를 이용하여 다음 문장을 완성하세요.

1 _____くらいわがままな人はいないだろう。

2 母が作ってくれる_____くらいおいしいものはない。

3 _____くらい楽しいことはない。

2 다음 보기와 같이 「~にとって」를 이용하여 회화를 완성하세요.

> 보기
> A : このラケット、ずいぶん使ったようですね。
> B : ええ。私にとってこのラケットは思い出の品なんですよ。

1 A : ご主人、毎日欠かさずジョギングしているんですってね。
　 B : ええ。主人にとって_____。

2 A : 工藤さんって車をとても大事にしてるんですね。
　 B : ええ。工藤さんにとって_____。

새로 나온 단어

ラケット 라켓 | 思い出 추억 | 品 물건 | 欠かす 빠뜨리다 | 遠慮 삼감, 사양함 | スケート 스케이트 | 水分 수분 | 補給 보급 | 体内 체내 | 排出する 배출하다 | 破る 깨다

❸ 다음 보기와 같이 「～がちだ」를 이용하여 회화를 완성하세요.

> 보기
> A: さっきはどうしてしゃべらなかったんですか。
> B: あそこに行くとどうも**遠慮**がちになってしまうんです。

1 A: 彼女って体、弱いんですか。
　　B: ええ。小学生の時から学校も ＿＿＿＿＿ がちだったんですよ。

2 A: スケートって簡単そうですね。
　　B: 簡単だと ＿＿＿＿＿ がちですが、やってみると結構難しいんですよ。

❹ 다음 보기와 같이 「～どころか」를 이용하여 회화를 완성하세요.

> 보기
> A: ビールっておいしいけど、水分補給にはならないって本当ですか。
> B: ええ。水分補給どころか**体内の水分を必要以上に排出してしまうんですって。**

1 A: 昨日の試合、勝ちましたか。
　　B: いやいや、勝つどころか＿＿＿＿＿＿＿＿＿＿＿＿＿＿＿＿＿＿。

2 A: 彼、約束破ったこと謝ってきましたか。
　　B: いいえ。謝るどころか＿＿＿＿＿＿＿＿＿＿＿＿＿＿＿＿＿＿。

구문연습

5 「～とおり/どおり」를 이용하여 다음 문장을 완성하세요.

1 彼女は＿＿＿＿＿とおり30分も前から待っていた。

2 甥は＿＿＿＿＿とおり泣かずに留守番をしていた。

3 髪の毛は＿＿＿＿＿どおり短く切ってきてください。

6 다음 보기와 같이 「～にしても」를 이용하여 질문에 답하세요.

> 보기
> A : 隣の家からよく子供をたたく声が聞こえてくるんですよ。
> B : 虐待までいかないにしても、それはちょっとやり過ぎですね。

1 A : 私とは関係のないことですから。
　B : ＿＿＿＿＿にしても、理由はきちんと説明した方がいいですよ。

2 A : とうとう貯金が底をついちゃって。
　B : ＿＿＿＿＿にしても、３度の食事はきちんととらないと。

새로 나온 단어

甥 조카 | 髪の毛 머리카락 | 留守番 집 보기 | 虐待 학대 | 理由 이유 | とうとう 드디어, 마침내 | 貯金 저금 | 底をつく 바닥이 나다

청해연습

1 다음 대화를 듣고 질문에 답하세요. CD1-34

(問) 話の内容と合う指輪はどれですか。

1

2

3

4
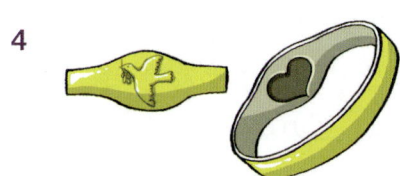

2 다음을 듣고 (　) 안에 들어갈 알맞은 말을 넣으세요. CD1-35

1 信じていた人に (　　　　　　) 悲しいことはない。

2 大統領選挙の投票は (　　　　　　) 重要な義務と権利である。

3 冬はどうしても、朝のジョギングは (　　　　　) になる。

4 逮捕された犯人は (　　　　　　)、自分は悪くないと言い張っている。

5 母から (　　　　　　) キムチを作ったのに、なぜか味がへんだ。

6 将来、どんな仕事に (　　　　　) 英語は勉強しておいたほうがいい。

독해연습

● 다음 글을 읽고 아래의 질문에 답하고 서로 이야기해 봅시다. CD1-36

育たない友情

友情は、なぜ芽生えにくくなったのだろう。小学生の子供たちを対象にしたある調査において、「仲良しの友だち」と「普通の友だち」との境界の曖昧さが指摘された。それは、淡くなった友人関係を代弁している。

放課後の子供たちは、昔に比べると、お互いに交流せずに友人と切り離された状態で生活している。連帯の相手は仲間ではなく、いわば自分である。その結果、自己中心的な子が増え、社会性を失った子供が増えてきた。友情が育たず、友だちと仲良く遊ぶことのできない子供たちに対して「社会的スキル」— 友人など、人と関わるための能力や技術 — を身に付けさせようと大人が考え始めたのは、このような事情からだろう。

社会的スキルの未熟な子供は、学校で不適応になりやすい。友だちから拒否、無視される割合が高く、成人してからも対人トラブルの生じる可能性が高い。一般に、人間関係にはいろいろな対立がつきもので、ゴタゴタが起こらない人間関係の方がおかしいと言っていいほどである。そんな時、手間はかかるが、引き分けとか、喧嘩両成敗とか、双方得とか色々な解決法を試す必要が出てくるのだ。

しかし、社会的スキルを支えるものは「人間が好き、仲間が好き」といういわば「愛の感情」ではないだろうか。人間関係スキルの習得は大事だが、スキルの重要性を強調し過ぎることは危険だろう。良い友人関係、暖かい友人関係は、社会的スキルだけでは決して形成されない。

1 「社会的スキル」が必要なのはどんな子供たちですか。

2 人間関係にゴタゴタが生じた場合、どんな風に解決していく必要がありますか。

3 昔に比べて友情が育ちにくくなっている環境についてどう思いますか。

4 円滑な人間関係のためにどんなことが必要か話し合ってみましょう。

08

インターネット
인터넷

학습 포인트

1 ～というと
2 ～はもちろん
3 ～を問わず
4 ～からすると
5 ～ないこともない
6 ～反面

회화

1 便利なネット CD1-37

石田　李さん、インターネットって便利ですね。

李　　あ、石田さん、パソコン始めたんですか。

石田　ええ。パソコンというと、年賀状しか作ったことなかったんですけど……。
　　　ネットがこんなに便利だとは思いませんでした。

李　　映画鑑賞はもちろん、ネット通販、ネットバンク……
　　　何でもできますからね。

石田　趣味のサイトも充実してるし、年齢を問わず利用できるのがいいですね。

李　　石田さん、そのうちホームページでも作り始めるんじゃありませんか。

石田　そうそう。今考えてるところなんですよ。

李　　それはすごい！

새로 나온 단어

～というと ～라고 하면 | 年賀状 연하장 | 鑑賞 감상 | ～はもちろん ～은 물론 | ネット通販 인터넷 통신판매 | ネットバンク 인터넷 뱅킹 | 充実 충실함, 알참 | 年齢 연령 | ～を問わず ～을 불문하고 | そのうち 머지않아 | ～て(い)るところ ～하고 있는 중

2 守ってほしいルール 🎧 CD1-38

小田　数日前、ネットの掲示板に書き込みをしたんですが、
　　　僕の意見に対してものすごく反発してくる人がいるんです。

李　　どんな風に書いてくるんですか。

小田　論理も何もありません。
　　　僕からすると単なる悪口を連ねているだけです。

李　　それはひど過ぎますね。

小田　その人の気持ちは分からないこともないんですけど、
　　　匿名だからこそ守ってほしいルールがあると思います。

李　　匿名だと自由に書き込める反面、モラルが問題になって
　　　きますね。

새로 나온 단어

数日前 며칠 전 | 掲示板 게시판 | 書き込む 글을 올리다(인터넷) | 意見 의견 | ものすごい 굉장하다, 심하다 | 反発する 반발하다 | 風 방법, 식, 상태 | 論理 논리 | ～からすると ～(입장)에서 보면 | 単なる 단순한 | 悪口 욕 | 連ねる 늘어놓다 | ～ないこともない ～하지 못할 것도 없다 | 匿名 익명 | ～からこそ ～하기 때문에 (더욱) | ～てほしい ～하기를 바라다, 원하다 | ルール 규칙 | ～反面 ～한 반면 | モラル 윤리, 도덕

문법

1 ～というと ~라고 하면

- 漫画というと、昔は子供の読み物であったが今は大人でも読む人は多い。
- 名探偵というと、誰もがシャーロックホームズを思い出したものだ。
- cf 山口さんというと、先日荷物を届けてくれた山口さんのことですか。

2 ～はもちろん ~은 물론

- みかんはもちろん、バナナやキーウィまで栽培している。
- 不動産はもちろん、宝くじの収入まで課税の対象に入っている。

3 ～を問わず ~을 불문하고

- のど自慢は年齢・職業を問わずだれでも応募できる。
- 学生時代には、ジャンルを問わずいろいろな本を読むことに挑戦した方がいい。

새로 나온 단어

読み物 읽을거리 | 名探偵 명탐정 | シャーロックホームズ 셜록 홈즈 | 思い出す 생각해 내다, 떠올리다 | 栽培する 재배하다 | 不動産 부동산 | 宝くじ 복권 | 収入 수입 | 課税 과세 | 対象 대상 | のど自慢 노래자랑 | 職業 직업 | 応募 응모 | ジャンル 장르 | 挑戦する 도전하다

4　～からすると　～(입장)에서 보면

- 教師からすると、英会話の授業は少人数の方がいい。
- 国民の側からすると、税金の使い方をきちんと説明してほしいというのが本音である。

5　～ないこともない　～하지 못할 것도 없다

- A：このぐらいの値段でいかがでしょうか。
  B：そうですね。できないこともありませんが、あまりいい品質のものは望めません。
- A：この料理はいかがでしたか。
  B：食べられないこともないですが、すごく辛いので胃の弱い方にはあまりお勧めできません。

6　～反面　～한 반면

- 新しい任務は責任が重い反面、やりがいのある仕事です。
- インターネットは生活を便利にしてくれる反面、個人情報の流出という危険がある。

새로 나온 단어

英会話 영어회화 | 少人数 적은 인원수 | 税金 세금 | 側 쪽, 측 | 本音 본심, 진심 | 品質 품질 | 望む 바라다 | 胃 위 | 任務 임무 | 責任 책임 | やりがい 하는 보람 | 個人情報 개인 정보 | 流出 유출

구문연습

1 다음 보기와 같이 「~というと」를 이용하여 회화를 완성하세요.

> 보기
> A: 山口さん、このごろ競馬に凝ってるんですって。
> B: えっ、大丈夫なんですか。競馬というと、**あまり良くないイメージですけど**。

1. A: 先日、ギリシャへ行ってきましたよ。
   B: ギリシャというと、＿＿＿＿＿＿＿＿＿＿＿＿＿＿＿＿。

2. A: 最近、ベトナム料理に凝っているんですよ。
   B: ベトナム料理というと、＿＿＿＿＿＿＿＿＿＿＿＿＿＿＿＿。

2 다음 보기와 같이 「~はもちろん」를 이용하여 회화를 완성하세요.

> 보기
> A: ここはカニの専門店なんですか。
> B: ええ。毛蟹はもちろん、たらば蟹までカニなら何でも揃ってますよ。

1. A: 日本のコンビニではいろんなことができるそうですね。
   B: ええ。＿＿＿＿＿はもちろん、公共料金の支払いや宅配などいろいろできますよ。

2. A: 海外旅行に行ったことがありますか。
   B: ええ。＿＿＿＿＿はもちろん、ヨーロッパやオーストラリアにも行ったことがあります。

3 「〜を問わず」를 이용하여 다음 문장을 완성하세요.

1 昔と違い、今は季節を問わず＿＿＿＿＿＿＿＿＿＿＿＿＿＿＿。

2 この仕事は、男女を問わず＿＿＿＿＿＿＿＿＿＿＿＿＿＿＿。

3 環境問題は、国内外を問わず＿＿＿＿＿＿＿＿＿＿＿＿＿＿＿。

4 다음 보기와 같이「〜からすると」를 이용하여 회화를 완성하세요.

> 보기
> A：うちの会社にも労働組合が出来て、本当に良かったと思います。
> B：でも、**企業**からすると、頭の痛い存在かもしれませんよ。

1 A：今年は冷夏らしいので、涼しい夏になりそうですよ。
　B：でも、＿＿＿＿＿＿からすると、あまりありがたくないことでしょうね。

2 A：生徒たちは来週、修学旅行なのでとても嬉しそうです。
　B：でも、＿＿＿＿＿＿からすると、負担が大きいでしょうね。

새로 나온 단어

競馬 경마 | 凝る 열중하다, 몰두하다 | ギリシャ 그리스 | ベトナム 베트남 | カニ 게 | 専門店 전문점 | 毛蟹 털게 | たらば蟹 무당게 | 揃う 갖추어지다 | いろんな 여러 가지 | 公共料金 공공요금 | 支払い 지불 | 宅配 택배 | ヨーロッパ 유럽 | 季節 계절 | 国内外 국내외 | 労働組合 노동조합 | 冷夏 냉하, 예년에 비해 기온이 낮은 여름 | 修学旅行 수학여행

구문연습

5 다음 보기와 같이 「~ないこともない」를 이용하여 회화를 완성하세요.

> 보기
> A: この魚、近くの川で釣ったんですが食べられるでしょうか。
> B: **食べられないこともないと思いますが**、ちょっと不安ですね。

1 A: 日本チームが決勝まで残れる可能性はあるでしょうか。

　B: ＿＿＿＿＿＿＿＿＿＿＿＿＿＿＿＿＿＿、厳しいでしょうね。

2 A: これだとちょっと高すぎて買えませんね。

　B: ＿＿＿＿＿＿＿＿＿＿＿＿＿＿＿＿＿＿、確かに高いですね。

6 「~反面」을 이용하여 다음 문장을 완성하세요.

1 帰国が＿＿＿＿＿反面、もう帰らなければならないのかという寂しい気持ちもある。

2 彼はいつもは＿＿＿＿＿反面、落ち込みやすいところもある。

3 ゴールデンウィークは、＿＿＿＿＿反面、生活のリズムが崩れやすいので注意が必要だ。

새로 나온 단어

川 강 | 釣る 낚시하다 | 決勝 결승 | 可能性 가능성 | 落ち込む (기분이) 침울해지다 | リズム 리듬 | 崩れる 무너지다, 흐트러지다

청해연습

1 다음 대화를 듣고 질문에 답하세요. CD1-39

(問) 女の人が買うことにしたものはどれですか。

1 　　2

3 　　4

2 다음을 듣고 ( ) 안에 들어갈 알맞은 말을 넣으세요. CD1-40

1 昔は（　　　　　　　　）男の人を考える人が多かった。

2 彼女はさばさばしていて（　　　　　　　　）女性にも人気がある。

3 ユニセフなどの国際機関では（　　　　　　　　）有能な人材が求められる。

4 価格破壊は、（　　　　　　　　）うれしい経済現象である。

5 新幹線に乗れば、静岡から東京の会社まで（　　　　　　　　）。

6 彼は、人には（　　　　　　　　）、自分にはとても厳しい。

독해연습

● 다음 글을 읽고 아래의 질문에 답하고 서로 이야기해 봅시다. CD1-41

ソーシャルメディア

　現実の世界では、我々社会の構成メンバーは、面と向かって対話したり、グループになったり、コミュニティを形成していたりする。それとまったく同じようなものが、インターネットの世界でも形成されており、「仮想社会」と呼ばれる。ミニブログを初めとした様々な交流サイト「ソーシャルメディア」がそれだ。多くの人と様々な情報を手軽にやり取りすることができるため、利用が急増している。

　ソーシャルメディアは、コミュニケーションの壁が低いことが最大の特徴である。そこではユーザー同士のメッセージのやり取りを通し、無限の人間関係を構築できる。例えば、国内外を問わずどんな有名人にも気軽に話しかけることができ、時空を超えた１対１のコミュニケーションが可能になる。

　半面、思慮に欠ける内容を安易に発信してしまい、トラブルを引き起こすケースも増えている。多くの場合、トラブルの原因は情報をどこまで公開していいかという「常識」の違いだ。オンラインにおける「常識」はまだまだ個人差、地域差が大きい。コミュニケーションの壁が低すぎることにより、かえって今まで以上に世の中の人の意見や非難などが発信者にはね返りやすくなっているといえる。

　職場や近所などリアルなコミュニティーの付き合いが希薄となった現代で、その枠を超えた「社交」を可能にし、日々のストレスを癒してくれるツールという意味ではソーシャルメディアの存在意義は大きい。ただ、「相手の顔が見えない」という特異性に甘えず、実社会でのコミュニケーションと同じような相手に対する「気遣い」を忘れないようにしたいものである。

1　ソーシャルメディアの最大の特徴は何ですか。
2　多くの場合、トラブルの原因は何だと言っていますか。
3　ソーシャルメディアを生活に取り入れることについてどう思いますか。
4　ソーシャルメディアの上手な利用法について話し合ってみましょう。

09

就職
취직

학습 포인트

1 ~てしょうがない
2 ~向けの
3 ~ことになる
4 ~にすぎない
5 ~ながら
6 ~ような

회화

1 就職活動

川口　先輩、私そろそろ就職活動を始めようかと思うんです。

李　　ああ、川口さん、もう３年生なんだね。

川口　ええ。不景気なので就職については今から不安でしょうがありません。

　　　でも、何から始めればいいかわからなくて……。

李　　そうだなあ。まず大学の就職ガイダンスに行ってみたら？

　　　求職者向けの個別相談なんかも受け付けてるよ。

川口　就職ガイダンスですね。早速問い合わせてみます。

李　　どんな仕事が向いているか自己分析も必要だし。

　　　これからちょっと大変になるね。

川口　大丈夫です。今がんばらないと後で後悔することになりますから。

새로 나온 단어

そろそろ 이제 슬슬 | 活動 활동 | 不景気 불경기 | ～てしょうがない ～해서 견딜 수 없다, 너무 ～하다 | 就職ガイダンス 취업설명회 | 求職者 구직자 | ～向けの ～을 대상으로 하는 | 個別相談 개별상담 | 受け付ける 접수하다 | 早速 즉시, 바로 | 問い合わせる 문의하다 | 向く 적합하다 | 自己分析 자기분석 | ～ことになる ～하게 되다

2 フリーター

李： 小田さん、仕事はうまくいってますか。

小田： ええ、まあ、なんとか……。

李： 時間に余裕があって、自分のペースで働けるからうらやましいですよ。

小田： いやいや、フリーターはやっぱりフリーターにすぎません。

李： そうですか。給料も正社員とそれほど変わらないと聞きましたけど。

小田： それは、ちゃんと一日８時間働いた場合の話ですよ。フリーターはボーナスも出ませんし、保険や有給休暇もありませんし……。

李： そうですか。思ったより大変なんですね。

小田： ええ。残念ながら、期待していたようなものではありませんでしたね。

새로 나온 단어

なんとか 그럭저럭 | 余裕 여유 | ペース 페이스 | うらやましい 부럽다 | ～にすぎない ～에 지나지 않다 | 給料 급료 | ボーナス 보너스 | 有給休暇 유급휴가 | ～ながら ～이지만 | ～ような ～와 같은

문법

1 ～てしょうがない ～해서 견딜 수가 없다, 너무 ～하다

- 孫がかわいくてしょうがないと話す年寄りが多い。
- せっかくいただいた花が枯れてしまい、残念でしょうがない。

2 ～向けの ～을 대상으로 하는

- 初心者向けのコンピューターの解説をくまなく読んだ。
- 外国人向けのアパートは、保証人不要で家具も取りつけられていた。

3 ～ことになる ～하게 되다

- 卒業するまでしっかり勉強しておかないと、就職してから大変なことになるかも知れない。
- こんなに飲んで。この辺で帰らないと、またみんなに迷惑をかけることになりますよ。
- cf 年金を払ってもあとで支給されないのなら、結局無駄な金を払ったことになる。

새로 나온 단어

年寄り 노인 | せっかく 애써서, 모처럼 | 枯れる 마르다, 시들다 | 解説 해설 | くまなく 빠짐없이, 철저히 |
不要 불필요 | 取りつける 설치하다 | この辺で 이쯤에서 | 年金 연금 | 支給する 지급하다 | 結局 결국

4 〜にすぎない　〜에 지나지 않다

- 今回の汚職事件は氷山の一角にすぎない。
- 大学合格は、ただの通過点にすぎない。

5 〜ながら　〜이지만

- あの子はまだ子供だが、幼いながら自分の考えを持っている。
- 今回のプロジェクトには、微力ながら私も参加させていただくことにしました。

6 〜ような　〜와 같은

- 彼女は、実際会ってみるとうわさのような美人ではなかった。
- 政府が提案した案は、住民が期待していたようなものではなかった。

새로 나온 단어

汚職 독직, 오직 | 事件 사건 | 氷山の一角 빙산의 일각 | ただ 다만, 그저 | 通過点 통과점 | 幼い 어리다 | 微力 미력 | 実際 실제 | うわさ 소문 | 政府 정부 | 提案する 제안하다 | 案 안 | 住民 주민

구문연습

1 다음 보기와 같이「〜てしょうがない」를 이용하여 회화를 완성하세요.

> 보기
> A: 何だか嬉しそうですね。
> B: ええ。もうすぐ卒業かと思うと**嬉しくてしょうがないんです**。

1 A: 毎日、英語を聞いてるんですね。
　 B: ええ。英語を聞くのが_____。

2 A: 眠そうですね。
　 B: ええ。寝不足なので、_____。

2 「〜向けの」를 이용하여 다음 문장을 완성하세요.

1 ほとんどの美容室には_____向けの雑誌が置かれている。

2 この問題集は_____向けに出版されたものだ。

3 空港には_____向けのコーナーが設置されており、たばこはそこで吸わなければならない。

새로 나온 단어

寝不足 수면 부족 | ほとんど 대부분, 거의 | 美容室 미용실 | 置く 놓다, 두다 | 問題集 문제집 | コーナー 코너 | 設置する 설치하다 | 出勤 출근 | 増える 늘어나다 | 外交官 외교관 | 目指す 목표로 하다 | 転勤 전근

❸ 다음 보기와 같이「~ことになる」를 이용하여 질문에 답하세요.

> 보기
> A：休日出勤ですか。大変ですね。
> B：ええ。今やっておかないと、**あとで仕事が増える**ことになるので。

1　A：退院できて良かったですね。
　　B：ええ。でも、薬を続けないと、_____ことになるかもしれません。

2　A：結婚式のためにダイエットしてるって本当ですか。
　　B：ええ。_____ことになったら嫌なので。

❹ 다음 보기와 같이「~にすぎない」를 이용하여 질문에 답하세요.

> 보기
> A：お庭、素敵なんですってね。一度見に行きたいです。
> B：いえいえ、**どこにでもある小さな庭**にすぎませんよ。

1　A：外交官を目指しているんですってね。
　　B：いや、単なる_____にすぎませんよ。

2　A：高橋さんが転勤になると聞きましたけど、本当ですか。
　　B：そんなの、ただの_____にすぎませんよ。

구문연습

5 「~ながら」를 이용하여 다음 문장을 완성하세요.

1 行きたくなかったが、いやいやながら＿＿＿＿＿＿＿＿＿＿＿＿＿＿＿＿。

2 祖父は目は少し不自由ながら、＿＿＿＿＿＿＿＿＿＿＿＿＿＿＿。

3 先生から頼まれ、微力ながら＿＿＿＿＿＿＿＿＿＿＿＿＿＿＿＿＿。

6 다음 보기와 같이 「~ような」를 이용하여 질문에 답하세요.

> 보기
> A: 今回の調査の結果は予想どおりでしたか。
> B: いいえ、残念ながら**予想していたような結果は得られませんでした**。

1 A: 紹介された彼、思ったとおりの人でしたか。
　B: いいえ、残念ながら＿＿＿＿＿＿＿＿＿＿＿＿＿＿＿＿＿＿。

2 A: 先生の別荘は噂どおりの豪邸でしたか。
　B: いいえ、残念ながら＿＿＿＿＿＿＿＿＿＿＿＿＿＿＿＿＿＿。

> 📖 새로 나온 단어
>
> 調査 조사 | 別荘 별장 | 豪邸 훌륭한 저택, 호화 저택

청해연습

1 다음 대화를 듣고 질문에 답하세요. CD2-03

(問) 女子学生に興味のある業界ではないものを一つ選びなさい。

1. 銀行業界
2. 広告業界
3. ファッション業界
4. 化粧品業界

2 다음을 듣고 ( ) 안에 들어갈 알맞은 말을 넣으세요. CD2-04

1 おとといった買ったくつが、今日から50％セールだと聞いて
（　　　　　　　　　）。

2 このレストランは（　　　　　　）メニューが多い。

3 無理なダイエットは、結局は（　　　　　　　　　）。

4 彼が試験に合格したのは、実力ではなく（　　　　　　）。

5 彼は（　　　　　　　　）デザインコンクールで優勝した。

6 妹は（　　　　　　　　　）運命の出会いを待っている。

독해연습

● 다음 글을 읽고 아래의 질문에 답하고 서로 이야기해 봅시다. CD2-05

深刻な「ニート」

　日本の若者の就職・雇用が足元から揺らいでいる。パートやアルバイトでしのぎ、定職に就けないフリーター、働く意欲がないニートと呼ばれる若者が急増しているからだ。少子化・高齢化が急加速する日本。その中で次代を担う青年層の雇用が不安定では、若者たちは結婚もできず、人生設計が立てられない。看過できない問題である。

　厚生労働省はニートを「若年無業者」と定義した。2000年にはその数は総計44万人だったが、2002年に64万人となってからは、2010年まで毎年62〜64万人と、8年連続して横ばい状態が続いている。タイプは様々で、ある若者は当初、働く意志があり何度も就職試験を受けたが、ことごとく失敗。そうするうちに「自分は社会に必要とされない人間」と悲観し、自己嫌悪に陥り、家から外に出られなくなってしまった。何年間も親に依存した生活を送っている。

　自ら求職活動をしていないニートは社会とのつながりが乏しく、フリーターとは異なる就職支援策が必要になる。「脱ニート」に向けて様々な支援に取り組む非営利組織も増えてきた。ある民間団体は、農作業の手伝いなどグループでのボランティア活動を通し、社会との接点を少しずつ増やしながら働く意欲を取り戻すよう仕向けている。

　ニートも心の底では働きたいという気持ちを失っていないはずだ。重要なのは、初めの一歩を踏み出すそのきっかけをいかにつかむかだろう。

1　フリーターとニートの違いを述べなさい。
2　何故フリーターとは異なる就職支援策が必要なのですか。
3　就職試験に失敗してニートになってしまったことについてどう思いますか。
4　ニートが働くきっかけをつかむ方法にはどんなものがあるか話し合ってみましょう。

10
結婚生活
결혼생활

> **학습 포인트**
>
> 1 ～っけ
> 2 ～しかない
> 3 ～といっても
> 4 ～せいか
> 5 ～わけではない
> 6 ～として

회화

1 共働きの子育て　CD2-06

李　　田中さんって共働きですよね。

　　　お子さんはどうしてるんでしたっけ。

田中　毎朝、実家に預けて、母に面倒を見てもらってるんです。

李　　ああ、ご実家が近くなんですね。

田中　ええ。でも、やっぱりおばあちゃんは孫に甘いですね。

　　　まあ、多少の不満があっても、母に任せるしかないんですけど。

李　　ご主人は子育てに協力的ですか。

田中　ええ。時間のある時はいつも子供と遊んでくれます。

李　　理解あるご主人ですね。

田中　共働きの子育ては大変だといっても、協力し合えば大きな問題はないと思います。

새로 나온 단어

共働き 맞벌이 | ～っけ ～였나, ～였지 | 実家 친정 | 預ける 맡기다 | 多少 다소 | 不満 불만 | ～しかない ～할 수밖에 없다 | 子育て 육아 | 理解ある 이해심이 있다 | ～といっても ～라고 해도

2 妻のご機嫌 CD2-07

橋本　気のせいか、この頃妻の機嫌が悪いんです。

李　何か怒らせちゃったんじゃないですか。

橋本　そうですかねえ。

　　　でも、先月の誕生日もプレゼントあげたし……。

李　家事はどのぐらい手伝ってますか。新聞に出てましたけど、夫に家事分担を望む妻は８割を越えるそうですよ。

橋本　家事ですか……。手伝うのが嫌だというわけじゃないんですけど、疲れて帰ると何もする気が起きなくて……。

李　男として気持ちはわかりますけど、やっぱりある程度手伝った方がいいんじゃ……。

橋本　そうですね。今日から早目に帰って家庭サービスすることにします。

새로 나온 단어

気のせい 기분 탓 | ～せいか ～탓인지 | 怒らせる 화나게 하다 | 家事 가사, 집안일 | 分担 분담 | ～わけではない ～인 것은 아니다 | 気が起きる 마음이 생기다 | ～として ～로서 | ある程度 어느 정도 | 早目に 조금 일찍 | 家庭サービス 가사나 양육을 남편이 도와주는 것

 **문법**

1 ～っけ ～였나, ～였지

- A：社内旅行って 18日からだっけ。

    B：いや、20日からに変更になったようだよ。

- A：ホテルの宿泊に朝食ついてましたっけ。

    B：ええ、確かついてたはずです。

2 ～しかない ～할 수밖에 없다

- バスに乗り遅れて、タクシーで行くしかなかった。
- 台風で飛行機が飛ばず、旅行は延期するしかなかった。

3 ～といっても ～라고 해도

- イギリス留学といっても、ほんの半年ぐらいです。
- 国家試験に合格したといっても、まだ一次試験だけです。

새로 나온 단어

社内 사내 | 変更 변경 | 宿泊 숙박 | 朝食 조식, 아침밥 | つく 붙다 | 乗り遅れる 시간이 늦어 못 타다, 놓치다 | 延期する 연기하다 | 半年 반년 | 国家 국가

4　～せいか　~탓인지

- 環境変化の**せいか**、ここで見られる鳥の数が減ったように思える。
- 化粧品を変えた**せいか**、気になっていた肌荒れがずいぶん治ってきた。

5　～わけではない　~인 것은 아니다

- アフリカのすべての地域が暑い**わけではない**。
- 議員たちは今回のすべての政策に反対している**わけではない**。

6　～として　~로서

- 彼は、美術担当スタッフ**として**ドラマ作りに参加している。
- 一歩も譲らない両者のために、弁護士が仲介役**として**間に入ってくれた。
- cf 懐かしい祖父の写真は、今ではもう一枚**として**残っていない。

새로 나온 단어

変化 변화 | 化粧品 화장품 | 肌荒れ 피부가 거칠어짐 | アフリカ 아프리카 | すべて 전부, 모두 | 地域 지역 | 政策 정책 | 反対する 반대하다 | スタッフ 스탭 | ドラマ作り 드라마 제작 | 一歩 한 걸음 | 譲る 양보하다 | 両者 양자 | 弁護士 변호사 | 仲介役 중개역 | 間に入る 중재하다 | 懐かしい 그립다

구문연습

1 다음 보기와 같이 「~っけ」를 이용하여 회화를 완성하세요.

> 보기
> A : 今日の会議は10時からでしたっけ。
> B : いいえ、10時半からですよ。

1 A : あの女性、＿＿＿＿＿＿＿＿＿＿＿＿＿＿＿＿＿。
   B : いいえ、彼女は三原さんですよ。

2 A : ユーミンのCDって、＿＿＿＿＿＿＿＿＿＿＿＿＿＿＿＿＿。
   B : いいえ、発売は明日ですよ。

2 「~しかない」를 이용하여 다음 문장을 완성하세요.

1 それが本当だと言うなら、＿＿＿＿＿＿＿＿しかない。

2 ビザを延長できなかったので、＿＿＿＿＿＿＿＿しかなかった。

3 その時の僕には、彼女からの連絡を＿＿＿＿＿＿＿＿しかなかった。

새로 나온 단어

延長 연장 | マイホーム 자기 집 | 暮らす 살다, 지내다 | 痛み 아픔, 상처 | 疲れ 피곤 | とれる 없어지다, 가시다

3 다음 보기와 같이 「~といっても」를 이용하여 회화를 완성하세요.

> **보기**
> A : お子さん、中国語もできるんですか。
> B : できるといっても、**文字を読めるぐらいですよ。**

1 A : ついにマイホームを買ったんですか。
   B : マイホームといっても、＿＿＿＿＿＿＿＿＿＿＿＿＿＿＿＿。

2 A : アメリカで暮らしたことがあるんですか。
   B : 暮らしたといっても、＿＿＿＿＿＿＿＿＿＿＿＿＿＿＿＿。

4 다음 보기와 같이 「~せいか」를 이용하여 회화를 완성하세요.

> **보기**
> A : 痛みは良くなりましたか。
> B : ええ。**さっき飲んだ薬の**せいか、ずいぶん良くなりました。

1 A : 疲れはとれましたか。
   B : ええ。少し＿＿＿＿＿＿せいか、ずいぶん元気になりました。

2 A : 食欲がないようですね。
   B : ええ。＿＿＿＿＿＿せいか、あまり食べたくありません。

구문연습

5 다음 보기와 같이 「〜わけではない」를 이용하여 회화를 완성하세요.

> 보기
> A: あの事故は私が悪かったんです。
> B: いいえ、**武田さんだけが悪かったわけではありませんよ。**

1 A: 高校生になったらみんな携帯電話を持っているんですか。
　 B: いいえ、＿＿＿＿＿＿＿＿＿＿＿＿＿＿＿＿＿＿＿＿＿＿＿。

2 A: お子さんは一日中、勉強ばかりしているんですか。
　 B: いいえ、＿＿＿＿＿＿＿＿＿＿＿＿＿＿＿＿＿＿＿＿＿＿＿。

6 「〜として」를 이용하여 다음 문장을 완성하세요.

1 ＿＿＿＿＿＿として、私は今回の事故に大きな責任を感じている。

2 彼は＿＿＿＿＿＿として一度アメリカへ渡ったことがある。

3 この問題について、＿＿＿＿＿＿としての意見を聞かせてください。

새로 나온 단어

感じる 느끼다 ｜ 聞かせる 들려주다

🎧 청해연습

1 다음 문장을 듣고 질문에 답하세요. CD2-08

(問) 年代の変化と、好まれる運動の種類について正しいものを一つ選びなさい。

2 다음을 듣고 ( ) 안에 들어갈 알맞은 말을 넣으세요. CD2-09

1 ソウルオリンピックの開催は(　　　　　　)。
2 病気を治すには(　　　　　　)と医者に言われた。
3 全国大会で(　　　　　　)、出場者は全部で10チームだった。
4 小さい頃一度犬に(　　　　　　)今でも犬は恐くて触れない。
5 社長の意見に、社員全員が(　　　　　　)。
6 どんな時も私たちのために尽くしてくれる母を(　　　　　　)尊敬している。

독해연습

● 다음 글을 읽고 아래의 질문에 답하고 서로 이야기해 봅시다. CD2-10

妻たちの孤独

　夫婦関係のバイオリズムとは、夫婦の相互間の満足度を指標とする。ある研究によると、夫の満足度が結婚15年までそれほど大きく変化しないのに比べ、妻の満足度は結婚10年ごろを境に劇的に低下するという。これは一体何故なのか。

　妻がどのように思っているのかを夫に推測してもらう調査からは、一般的に「夫は妻の生活感情に気付かず、妻を楽観的に見ている」という報告がされている。この夫婦間のずれが、妻を「自分をわかってくれない」という気持ちにさせ、家族の中でも孤独だという思いにさせるのだ。夫から妻へ十分な「情緒的サポート」がされないことが、「結婚満足度」の著しい低下に繋がっている。

　しかし、自分に相談相手がいなくて外との関係が絶たれていたり、自己実現できずに不満をためているのを、全て夫に責任転換して結び付けているようなこともしばしば認められるため、夫婦関係の不満というものは相手だけの問題とは限らない。

　一時話題になったダニエル・ゴールマンの「EQ―こころの知能指数」にはこう書いてある。「男と女では会話から期待するものが違ってくる。男は「ものごと」について話をするだけで満足するが、女は情緒的なつながりを求める」。夫婦がこの違いを理解し合うならば、相手に対する思いやりと許しの心が生まれ、うまくバランスをとっていくことができるのではないだろうか。

1　家庭で妻が孤独だと感じる理由は何ですか。
2　男女のどんな違いを理解し合うことが必要なのですか。
3　妻の満足度が結婚10年目ごろ大幅に低下することについてどう思いますか。
4　満足度の高い結婚生活のために、夫婦が互いに努力すべきことについて話し合ってみましょう。

11 年中行事
연중행사

학습 포인트

1 ～くらい/ぐらい
2 ～ざるをえない
3 ～ずにはいられない
4 ～さえ～ば
5 ～から～にかけて
6 ～からこそ

회화

1 お盆 CD2-11

李　もうすぐお盆ですね。木村さんは帰省するんですか。

木村　ええ。普段あまり家に帰れないので、お盆の時ぐらいは帰らないとね。特に、うちは今年初盆なので、帰らざるをえないんですよ。

李　初盆って何ですか。

木村　亡くなってから初めてのお盆のことをそう呼ぶんです。うちは去年の暮れに祖父が亡くなったので。

李　そうなんですか。お盆といえば、去年、初めて盆踊りに参加してみたんですが……。

木村　どうでしたか。

李　思ったよりすごく楽しくて、おばさんたちと一緒に2時間ぐらい踊ってしまいました。

木村　すごい！でも、見ていると一緒に踊らずにはいられなくなるんですよね。

새로 나온 단어

帰省する 귀성하다 | 普段 평소, 평상시 | ～ぐらい ～정도 | 初盆 사후 첫 번째 돌아오는 추석 | ～ざるをえない ～하지 않을 수 없다 | 亡くなる 죽다, 돌아가시다 | 暮れ 연말 | ～といえば ～라고 하면 | 盆踊り 추석 때 남녀가 추는 춤 | ～ずにはいられない ～하지 않을 수 없다

2 大晦日（おおみそか） CD2-12

佐藤　今日は大晦日ですね。

李　　ええ。本当にあっという間の一年でした。

佐藤　李さんさえよければ、今夜うちで一緒に年越しそばでも
　　　どうですか。

李　　あ、すみません。今夜は友人と初詣に出掛ける約束なんです。

佐藤　ああ、初詣ですか。うちは人込みが嫌いで毎年正月は家で
　　　迎えるんですよ。

李　　そうですか。神社は大晦日から元旦にかけて、一番込み合い
　　　ますからね。

佐藤　まあ、混雑しているからこそ初詣だという実感が湧くんで
　　　しょうけど。

李　　ええ。私は初詣の混雑はあまり気になりません。
　　　あ、それでは、私はここで失礼します。
　　　良いお年をお迎え下さい。

佐藤　李さんも良いお年を。

새로 나온 단어

大晦日(おおみそか) 섣달 그믐날 | **あっという間**(ま) 순식간, 눈 깜짝 할 사이 | **～さえ～ば** ～만 ～(하)면 | **年越しそば**(としこ) 섣달 그믐날 밤에 먹는 메밀국수 | **初詣**(はつもうで) 정월의 첫 참배 | **人込み**(ひとご) 북적임, 혼잡함 | **迎える**(むか) 맞이하다 | **神社**(じんじゃ) 신사 | **～から～にかけて** ～에서 ～에 걸쳐서 | **元旦**(がんたん) 설날, 원단 | **込み合う**(こあ) 붐비다 | **実感**(じっかん) 실감 | **湧く**(わ) 솟아나다

 문법

1 〜くらい／ぐらい 〜정도

- 自分一人**ぐらい**いいだろうと思って、ごみを道に捨ててしまう人がいる。
- ちょっと休んでいた**くらい**でそんなに怒らなくてもいいと思う。

2 〜ざるをえない (어떤 상황에서 판단하여) 〜하지 않을 수 없다

- このように風の強い日には、撮影をあきらめ**ざるをえない**。
- 怪我をしてしまい、明日からの試合出場は断念せ**ざるをえない**。

3 〜ずにはいられない (자신의 감정이나 기분이 고조되어) 〜하지 않을 수 없다

- あまりにもきれいな女性だったので、言葉をかけ**ずにはいられなかった**。
- 映画がとてもおもしろかったので、その続編を見**ずにはいられなかった**。

새로 나온 단어

撮影 촬영 | 出場 출장, 출전 | 断念する 단념하다 | 言葉をかける 말을 걸다 | 続編 속편

4　～さえ～ば　～만 ～(하)면

- 数学は、コツさえつかめればたやすく問題を解くことができる。
- うちの娘は、甘いものを与えさえすればすぐ機嫌がよくなる。

5　～から～にかけて　～에서 ～에 걸쳐서

- 今年の夏は、東北から北海道にかけて冷夏に悩まされた。
- 6月から7月にかけて、この地域はバカンスを過ごす人でにぎわいを見せる。

6　～からこそ　～하기 때문에 (더욱)

- 苦手だからこそ、その科目を克服しなければならない。
- つらい経験をしたからこそ、苦しい立場にいる人の心がわかるのだ。

📖 **새로 나온 단어**

コツ 요령 | つかむ 파악하다 | たやすい 쉽다, 용이하다 | 解く 풀다 | 与える 주다 | 東北 동북 | 悩ます 괴롭히다, 시달리게 하다 | バカンス 바캉스 | にぎわい 흥청거림, 북적임 | 苦手だ 서툴다, 못 하다 | 克服する 극복하다 | つらい 괴롭다 | 経験 경험 | 苦しい 괴롭다, 어렵다 | 立場 입장

구문연습

1 다음 보기와 같이 「~くらい」를 이용하여 질문에 답하세요.

> **보기**
> A: あ、道にゴミを捨てちゃ駄目でしょう。
> B: **僕一人**ぐらいかまわないと思うんだけど。

1 A: 宿題、見せてもらえないかな。
   B: また？ ＿＿＿＿＿くらい自分でやらないと。

2 A: 今日まだ何も食べてないんだ。
   B: 子供じゃないんだから、＿＿＿＿＿くらい自分で用意して食べてね。

2 다음 보기와 같이 「~ざるをえない」를 이용하여 회화를 완성하세요.

> **보기**
> A: そんなに具合が悪いのに、会社へ行くんですか。
> B: 重要な会議があるので、**行かざるをえないんです**。

1 A: どうして進学をあきらめたんですか。
   B: 家庭の事情があって、＿＿＿＿＿＿＿＿＿＿＿＿＿。

2 A: これ、本当は彼の仕事なんでしょう？
   B: ええ。でも、彼がやらないので、私が＿＿＿＿＿＿＿＿＿＿＿。

3 「〜ずにはいられない」를 이용하여 다음 문장을 완성하세요.

1 あまりにも忙しそうだったので、_____ずにはいられなかった。

2 私は一度本を読み始めたら、最後まで_____ずにはいられない性格だ。

3 二度と悲しい戦争が起こらないようにと、_____ずにはいられなかった。

4 다음 보기와 같이 「〜さえ〜ば」를 이용하여 질문에 답하세요.

> 보기
> A: 娘さん、ピアノがお好きのようですね。
> B: ええ。**暇さえあれば**、弾いているんですよ。

1 A: 生まれてくる赤ちゃんに望むことは何ですか。
   B: _____ば、他に望むことはありません。

2 A: 私は何かあったらすぐ薬を飲むようにしているんです。
   B: でも、_____ば大丈夫だと、過信しない方がいいですよ。

새로 나온 단어

自分で 스스로 | 事情 사정 | 最後 최후, 마지막 | 二度と 두 번 다시 | 戦争 전쟁 | 起こる 일어나다, 발생하다 | 過信 과신

구문연습

5 다음 보기와 같이 「～から～にかけて」를 이용하여 회화를 완성하세요.

> 보기
> A : そちらで地震があったんですって？
> B : ええ。**昨夜から**今朝にかけて、弱い地震が何回かありました。

1 A : 台風、どこまで来たんでしょうか。
   B : ＿＿＿＿＿関東にかけて、ずいぶん降っているようですよ。

2 A : 何時頃、伺ったらよろしいでしょうか。
   B : 朝の＿＿＿＿＿11時にかけてはいつも混みますので、その時間は避けてください。

6 「～からこそ」를 이용하여 다음 문장을 완성하세요.

1 気持ちが落ち込んでいるからこそ、＿＿＿＿＿＿＿＿＿＿＿＿＿＿＿。

2 どの親も子供を愛するからこそ、＿＿＿＿＿＿＿＿＿＿＿＿＿＿＿。

3 競争率が高い大学だったからこそ、＿＿＿＿＿＿＿＿＿＿＿＿＿＿＿。

새로 나온 단어

関東 관동, 일본 지명의 하나 | 避ける 피하다, 삼가다 | 愛する 사랑하다 | 競争率 경쟁률

청해연습

1 다음 대화를 듣고 질문에 답하세요. CD2-13

(問) 話に出てこなかった絵はどれですか。

1

2

3

4

2 다음을 듣고 ( ) 안에 들어갈 알맞은 말을 넣으세요. CD2-14

1 小学生になったんだから、(　　　　　) 自分でしなさい。

2 会社が倒産して、結婚を (　　　　　)。

3 ドラマの内容があまりにも悲しくて涙を (　　　　　)。

4 父はいつも、健康と (　　　　　) 何でもできないことはないと言う。

5 この島では (　　　　　) たくさんの花が咲きます。

6 ドキュメンタリーは (　　　　　) 人を感動させるものがある。

독해연습

● 다음 글을 읽고 아래의 질문에 답하고 서로 이야기해 봅시다.　CD2-15

贈答による心配り

　百貨店では近年、インターネットによるギフト販売が拡大を続けているという。また各種ポータルサイトでも、ギフトシーズンに入るとギフトを扱うホームページの検索だけでなく、「お中元 お返し」「お歳暮 礼状」といったキーワードによる検索も急増するというのが興味深い。つまり、お歳暮を頂いたがお返しはすべきなのか、礼状の体裁はどうすべきか、あれこれ贈答にまつわるしきたりを確認しようとする人の多いことがわかる。

　確かに日本の贈答文化は奥が深い。贈る時の体裁にしても、のしをつける、水引を掛ける等の作法が今も厳然と残っている。しかも贈る相手との関係や、贈る目的によって作法が細かく異なるため、知らずに礼儀を欠いてはいけないと確認したくなるのもうなづける。

　しかし、時代の流れと共に、この慣習にも変化が起こっているようだ。核家族化・少子化等、日本社会の構造的変化により、贈答文化が薄れつつあるという。中元・歳暮はもとより、結婚式における引出物も同様に婚礼の減少に伴い減少の一途を辿っている。形式的な慣習に従う意義を見い出せず、贈られたらお返しをしなければならないという悪循環の中で、度重なる出費に大きな負担を感じている人も少なくない。実際、「わが家では中元・歳暮の贈答を本年よりやめました」と宣言する例も出てきている。

　日本人は、昔から贈答を通して相手を思い、細やかな心配りをしてきた。贈答の形は変わっても、そういう心の伝統は見失わないようにしたいものだ。

1　ギフトシーズンに入ると贈答に関するキーワード検索が急増するのは何故ですか。
2　贈答の慣習によって感じる負担とはどんなものですか。
3　贈り物をもらったら「お返し」をするということについてどう思いますか。
4　身近な例を挙げながら、形式的な慣習に従うことの是非について話し合ってみましょう。

12

伝統芸能
전통예능

학습 포인트

1 ～てはじめて
2 ～ばかりでなく
3 ～ということだ
4 ～にしては
5 ～だらけ
6 ～だけあって

회화

1 歌舞伎

李　今日は誘っていただいてどうもありがとうございました。

上村　とんでもありません。歌舞伎、どうでしたか。

李　最初はちょっと抵抗があったんですが、実際に見てはじめて、歌舞伎の持つ奥深さを感じることができたような気がします。

上村　そうですか。それは良かった。

李　お年寄りや外国人ばかりでなく、若者も結構いましたね。

上村　そうですね。若者の根強い人気もあるようです。十八番とか二枚目とかいう言葉は歌舞伎から派生したものだということですよ。

李　へえ、それは知りませんでした。

새로 나온 단어

とんでもない 천만에요 | 歌舞伎 가부키 | 抵抗 저항 | ~てはじめて ~서야 비로소 | 奥深さ 심오함 | ~ばかりでなく ~뿐만 아니라 | 根強い 뿌리 깊다 | 十八番 가장 뛰어난 장기 | 二枚目 미남 | 派生する 파생하다 | ~ということだ ~라고 한다

2 落語 CD2-17

小田 さっきの落語、大体聞き取れましたか。

李 ええ。今日のは落語にしては易しい言葉を使っていたように思います。以前聞いた時は分からない言葉だらけだったんですけど……。

小田 最近は分かりやすい言葉を使う若手の落語家が増えてきたようですよ。

李 そうなんですか。

小田 それにしても、さすがプロの芸人だけあって見事な公演でしたね。声一つで、複数の登場人物を描き出すんですから。

李 ええ。声で遠近感も演出しますし。

小田 やはり落語の魅力は豊かな声の表現力に尽きますね。

새로 나온 단어

落語 만담 | 聞き取る 알아듣다 | ～にしては ~치고는 | ～だらけ ~투성이 | 若手 한창 때의 젊은 사람 | それにしても 그렇다 하더라도 | さすが 과연, 역시 | プロ 프로페셔널 | 芸人 예능인 | ～だけあって ~인 만큼 | 見事だ 멋지다, 훌륭하다 | 登場人物 등장인물 | 描き出す 그려내다 | 遠近感 원근감 | 演出する 연출하다 | 魅力 매력 | 豊かだ 풍부하다 | 表現力 표현력 | ～に尽きる ~외에는 아무 것도 없다, ~가 최고다

문법

1 ～てはじめて　～서야 비로소

- 親になってはじめて親のありがたさを実感した。
- 頂上に着いてはじめて山登りの素晴らしさがわかる。

2 ～ばかりでなく　～뿐만 아니라

- 笑うことは体にいいばかりでなく、精神面にもいい影響を与えると言われている。
- 彼女は几帳面なばかりでなく、非常に大胆な面も持ち合わせている。

3 ～ということだ　～라고 한다

- 最近、借金で首が回らなくなった人が増えているということだ。
- 今は静かな町だが、以前は多くの観光客で賑わったということだ。
- cf 大津さんは勤務時間が8時間を越えている。つまり、毎日残業しているということだ。

새로 나온 단어

頂上 정상 | 山登り 등산 | 精神面 정신면 | 影響 영향 | 非常に 대단히, 몹시 | 大胆だ 대담하다 | 面 면 | 持ち合わせる 마침 갖고 있다 | 首が回らない 빚에 몰려 옴짝달싹 못 하다 | 以前 이전 | 観光客 관광객 | 賑わう 흥청거리다, 북적이다 | 勤務 근무 | つまり 결국

4 〜にしては ～치고는

- 同い年にしては、彼女はとても老けて見えた。
- 一生懸命練習したにしては、それほどおもしろい演劇ではなかった。

5 〜だらけ ～투성이

- 連休明けの海岸はごみだらけであった。
- インターネットの普及によって、間違いだらけの日本語が横行している。

6 〜だけあって ～인 만큼

- 有名な監督の作品だけあって、構成もしっかりしているし映像もきれいだ。
- アメリカンスクールに通っていただけあって、英語の発音は完璧である。

📖 새로 나온 단어

同い年 동갑 | 老ける 나이를 먹다, 늙다 | 演劇 연극 | 連休明け 연휴가 끝난 후 | 海岸 해안 | 普及 보급 | 横行する 횡행하다 | 監督 감독 | 作品 작품 | 構成 구성 | 映像 영상 | アメリカンスクール 미국인 학교 | 〜に通う 〜를 다니다 | 発音 발음 | 完璧 완벽

구문연습

1 다음 보기와 같이「~てはじめて」를 이용하여 회화를 완성하세요.

> **보기** A: 寿司は今までに食べたことがありますか。
> B: いいえ。**日本へ来てはじめて食べました。**

1 A: 普段から健康に注意しないといけませんね。
　B: ええ。＿＿＿＿＿＿＿＿＿＿健康のありがたさがわかりました。

2 A: ゴルフって楽しいでしょう？
　B: ええ。＿＿＿＿＿＿＿＿＿＿その楽しさがわかりましたよ。

2 다음 보기와 같이「~ばかりでなく」를 이용하여 회화를 완성하세요.

> **보기** A: テレビの見過ぎは目に良くないと言いますが。
> B: 目に良くないばかりでなく、**考える力を低下させる可能性もあるんですよ。**

1 A: 今朝の会議は決算について話し合ったんですか。
　B: 決算についてばかりでなく、＿＿＿＿＿＿＿＿＿＿＿＿。

2 A: この方法だと時間がかかると思うんですが。
　B: ええ。時間がかかるばかりでなく、＿＿＿＿＿＿＿＿＿＿＿＿。

3 「～ということだ」를 이용하여 다음 문장을 완성하세요.

1　この辺りは、今は団地になっているが、昔は＿＿＿＿＿ということだ。

2　ニュースによると、明日の天気は＿＿＿＿＿ということだ。

3　さっき電話があって、社長は無事に＿＿＿＿＿ということだ。

4 다음 보기와 같이 「～にしては」를 이용하여 회화를 완성하세요.

> 보기
> A：ここはサッカー場でしょうか。
> B：いや、サッカー場にしては**狭すぎますね**。

1　A：彼女、今年入った新入社員です。
　　B：へえ、新入社員にしては、＿＿＿＿＿＿＿＿＿＿＿。

2　A：このレポート、1ヶ月もかけて書いたんです。
　　B：1ヶ月もかけたにしては、＿＿＿＿＿＿＿＿＿＿＿。

새로 나온 단어

寿司 초밥 | 低下 저하 | 決算 결산 | 辺り 근처, 부근 | 団地 단지 | サッカー場 축구장 | 新入社員 신입사원 | かける (돈·시간·수고 등을) 들이다

구문연습

5 다음 보기와 같이 「〜だらけ」를 이용하여 회화를 완성하세요.

> 보기
> A：息子さん、いつも元気に遊んでますね。
> B：ええ。もう毎日**泥だらけ**で帰ってきますよ。

1　A：彼、けんかでもしたんですか。
　　B：ええ。びっくりしました。体中＿＿＿＿＿＿＿＿＿＿＿＿＿。

2　A：間違ったところ、たくさんありましたか。
　　B：ええ。思ったとおり＿＿＿＿＿＿＿＿＿＿＿＿＿。

6 「〜だけあって」를 이용하여 다음 문장을 완성하세요.

1　さすが＿＿＿＿＿＿＿だけあって、品物も店員のサービスも満点だ。

2　＿＿＿＿＿＿＿だけあって、彼の演奏は本当に見事だ。

3　京都の町は＿＿＿＿＿＿＿だけあって、家の造りも一味違っている。

새로 나온 단어

泥 진흙 ｜ サービス 서비스 ｜ 満点 만점 ｜ 演奏 연주 ｜ 造り 꾸밈새, 구조 ｜ 一味違う 어딘가 다르다

청해연습

1 다음 문장을 듣고 질문에 답하시오. CD2-18

(問) 紙相撲の正しい遊び方を一つ選んでください。
かみずもう　　　あそ　かた

1

2

3

4

2 다음을 듣고 ( ) 안에 들어갈 알맞은 말을 넣으세요. CD2-19

1 自分でお金を（　　　　　　　　）、その大変さがわかるものだ。

2 スポーツを通して（　　　　　　　　）精神力も養うことができる。
　　　　　　　とお　　　　　　　　　　　　　　せいしんりょく　やしな

3 今回優勝した選手は、3歳の頃からゴルフを（　　　　　　　）。
　　こんかいゆうしょう　せんしゅ

4 韓国から日本までは（　　　　　　　　）飛行時間が短い。
　　　　　　　　　　　　　　　　　　　　ひこう

5 弟は部屋が（　　　　　　　　）でも、全然気にしない。
　　　　　　　　　　　　　　　　　　ぜんぜん

6 彼女は小さい頃からいろいろな国で（　　　　　　　　）、何ヶ国語も
　　　　　　　　　　　　　　くに　　　　　　　　　　　　　なんかこくご
話せる。

독해연습

● 다음 글을 읽고 아래의 질문에 답하고 서로 이야기해 봅시다.

かけがえのない財産

　歌舞伎や相撲など日本の伝統文化と歴史の理解を深めようと、兵庫県は2007年度から県立高校に独自科目を設置することを決めた。東京都に次ぐ試みという。この背景には、高校の海外修学旅行や研修が増える一方、旅行先などで、相撲など日本の伝統文化について尋ねられても知識が不十分で答えられない生徒が目立っているということが挙げられる。学ぶ対象は歌舞伎や茶道、相撲などはもちろん、折り紙など身近に残る遊びまで様々だ。

　伝統文化を次の世代に伝え残していくには、子供のうちに触れさせ、理解させ、身に付けさせていくことも大切な要素だ。しかし、社会や生活様式の変化でそのような機会が次第に少なくなってきているのが現状である。

　文化庁より委嘱され、平成15年度から実施されている「伝統文化こども教室」では、子供たちが様々な伝統文化を体験できる場を提供している。民俗芸能、工芸技術、邦楽、日本舞踊、武道、茶道、華道、囲碁、将棋、伝統的な子供の遊び、わらべうた、昔話、郷土食、史跡探訪、百人一首などだ。

　歴史と風土の中で育まれた日本人の感性と技は、世界に誇れるすばらしい伝統文化を構築してきた。それらを享受し、未来に伝承させていくことは時代の責務であり、我々の重要な課題である。

1　伝統文化と歴史の理解を深めるために、兵庫県で実施されることになったのは何ですか。

2　子供たちが伝統文化に触れる機会が少なくなった理由は何ですか。

3　高校生が外国人から伝統文化に関して尋ねられても答えられないということについてどう思いますか。

4　伝統文化を次世代に伝え残していくためにはどんな努力が必要か話し合ってみましょう。

13

冠婚葬祭
관혼상제

학습 포인트

1 ～て以来
2 ～ものなら
3 ～ところだった
4 ～ないものか
5 ～ことはない
6 ～によると

회화

1 披露宴 CD2-21

李 　つい先日、初めて日本の披露宴に行ってきました。

木村　ああ、李さん、行ったことがありませんでしたっけ。

李 　ええ。日本へ来て以来、一度も行く機会がなかったんです。行けるものなら行ってみたいと、ずっと思ってたので感動的でした。

木村　韓国の披露宴と違うところはありましたか。

李 　ええ。日本では、すわる席が一人一人決まっていて招待された人しか入れないようになっていますが、韓国ではもっと自由に出入りできます。

木村　そうなんですか。引出物なんかは同じですか。

李 　いいえ。韓国にはありません。僕はそれをいただいて帰るものだと知らなくてもう少しで置いてくるところでした。

새로 나온 단어

つい (시간적·거리적으로) 바로, 조금 | 披露宴 피로연 | ～て以来 ～한 이후 | ～ものなら ～할 수만 있다면 | 自由に 자유롭게 | 出入り 출입 | 引出物 답례품 | もう少しで ～ところだった 하마터면 ～할 뻔했다

2 お葬式 CD2-22

李　　実は、明日、お葬式があるんです。

上村　お葬式？　どなたか亡くなったんですか。

李　　ええ。日本に来てから何かとお世話になっていた方なんですが……。何か恩返しができないものかと思っていた矢先のことで、すごいショックです。

上村　それは心痛いですね……。明日はお一人で行かれるんですか。

李　　ええ。でも、日本のお葬式は初めてなのでちょっと不安です。聞いた話によると、日本では仏教式のお葬式がほとんどだそうですけど……。

上村　そうです。でも、そんなに心配することはないと思いますよ。宗派に関係なく、故人を悼む気持ちが一番大切ですからね。

새로 나온 단어

お葬式 장례식 ｜ 何かと 이것저것, 여러 가지로 ｜ 恩返し 은혜를 갚음, 보은 ｜ 〜ないものか 〜하지 않을까
｜ 矢先 막 〜하려는 참 ｜ 心痛い 마음이 아프다 ｜ 〜によると 〜에 따르면 ｜ 仏教式 불교식 ｜ 〜ことはない
〜할 필요는 없다 ｜ 宗派 종파 ｜ 故人 고인 ｜ 悼む 애도하다, 슬퍼하다

문법

1 ～て以来 ～한 이래(이후)

- 小説の雪国を読んで以来、その風景が頭から離れない。
- 子犬を飼って以来、ぐっすり眠れる日は一日もなかった。

2 ～ものなら ～할 수만 있다면

- なれるものなら、宇宙飛行士になって宇宙を旅してみたい。
- 病気の妹を見ていると、代われるものなら代わってやりたいと思う。

3 ～ところだった (하마터면) ～할 뻔했다

- もう少しで締め切りに遅れるところだったが、何とか間に合った。
- 運転中眠くなって、あやうく事故を起こすところだった。

새로 나온 단어

雪国 설국 | 風景 풍경 | 子犬 강아지 | ぐっすり 푹(깊은 잠을 자는 모양) | 宇宙 우주 | 飛行士 비행사 |
旅する 여행하다 | 締め切り 마감, 마감 날짜 | あやうく 잘못하면, 하마터면

4　〜ないものか　〜하지 않을까, 〜했으면 좋겠다

- 何かいいアイディアが**ないものか**とみんなで意見を出し合った。
- 酒癖の悪い父を見ながら、どうにかなら**ないものか**とため息をついた。

5　〜ことはない　〜할 필요는 없다

- すぐ近くだからわざわざ迎えに来る**ことはありません**。
- 埋め立てをしてまで空港を作る**ことはない**と地元住民は訴えている。

6　〜によると　〜에 따르면, 〜에 의하면

- ニュース**によると**、大型の強い勢力を持った台風が近づいているそうだ。
- 専門家**によると**、今年はマラリアの発生率が例年になく高いということだ。

새로 나온 단어

出し合う 서로 내놓다 | 酒癖 술버릇 | どうにか 어떻게든 | ため息をつく 한숨을 쉬다 | わざわざ 일부러 | 埋め立て 매립 | 地元 그 고장, 현지 | 訴える 호소하다, 소송하다 | 勢力 세력 | マラリア 말라리아 | 発生率 발생률

구문연습

1 다음 보기와 같이 「～て以来」를 이용하여 회화를 완성하세요.

> **보기** A：退院してからどこかへ出掛けましたか。
> B：いいえ、退院して以来、**どこへも出掛けてません**。

1　A：卒業してから吉田さんとは会いましたか。
　　B：いいえ、卒業して以来、_____。

2　A：結婚してからもパチンコはやってますか。
　　B：いいえ、結婚して以来、_____。

2 「～ものなら」를 이용하여 다음 문장을 완성하세요.

1　できるものなら、_____。

2　行けるものなら、_____。

3　生まれ変われるものなら、_____。

3 다음 보기와 같이 「～ところだった」를 이용하여 회화를 완성하세요.

> **보기**
> A : あの道、でこぼこして危ないですね。
> B : ええ。もう少しで**転ぶところでした**。

1 A : ガスコンロの火を消し忘れたんですって？
　B : ええ。危なく_____。

2 A : 授業にぎりぎり間に合いましたね。
　B : ええ。あやうく_____。

4 「～ないものか」를 이용하여 다음 문장을 완성하세요.

1 旅行の間、ペットを_____ないものかと探している。

2 父の病気が何とか_____ないものかと家族みんなが願っている。

3 大好きな歌手のコンサートチケットが何とかして_____ないものかと考えている。

새로 나온 단어

パチンコ 파친코 | 生まれ変わる 다시 태어나다 | でこぼこ 요철, 울퉁불퉁 | ガスコンロ 가스풍로 | 消し忘れる 끄는 것을 잊다 | ぎりぎり 빠듯빠듯함 | 何とか 어떻게든 | 歌手 가수

구문연습

5 다음 보기와 같이 「~ことはない」를 이용하여 질문에 답하세요.

> 보기
> A : 噂されてること、彼女に言ってあげた方がいいでしょうか。
> B : わざわざ**言うことはありませんよ**。自分で気付くでしょうから。

1　A : この荷物、宅配の営業所まで持っていかなくちゃね。
　　B : わざわざ_____。電話すれば来てくれますから。

2　A : 前の家ですごく大きな犬を飼っていて、すごく怖いんです。
　　B : 何も_____。あの犬はとてもおとなしいですから。

6 다음 보기와 같이 「~によると」를 이용하여 질문에 답하세요.

> 보기
> A : 明日も雨なんでしょうか。
> B : 天気予報によると、**明日は晴れる**そうですよ。

1　A : 今年の売り上げは上がっているんでしょうか。
　　B : 最近の調査によると、_____ということです。

2　A : 明日には退院できるんでしょうか。
　　B : 医師の説明によると、_____とのことです。

새로 나온 단어

営業所 영업소

청해연습

1 다음 대화를 듣고 질문에 답하세요. CD2-23

(問) 李さんは、ご祝儀をどうすることにしましたか。

1
2

3
4

2 다음을 듣고 (　　) 안에 들어갈 알맞은 말을 넣으세요. CD2-24

1 この製品は、(　　　　　　) 売り上げが伸び続けている。

2 子供の頃に (　　　　　　　)、一生懸命勉強して医者になりたい。

3 うっかり赤信号で道を渡り、もう少しで (　　　　　　) ところだった。

4 人間も鳥のように空を (　　　　) と、ライト兄弟は研究を続けた。

5 誰が見ても悪いのは向こうなのだから、こちらから (　　　　　　)。

6 政府の (　　　　　)、景気は少しずつ回復しているらしい。

독해연습

● 다음 글을 읽고 아래의 질문에 답하고 서로 이야기해 봅시다. CD2-25

大人になれない新成人

　数年前、成人式の式場の挨拶に立った市長が私語をやめない新成人たちに腹を立てて挨拶を取り止め、式辞を書いた紙をステージに放り投げる一幕があった。またある会場では、来賓の知事が祝辞の最中にヤジを飛ばす新成人を大声で怒鳴りつける場面もあった。

　毎年のようにマナーの悪さがやり玉に挙がる成人式。新成人が会場に入らない、会場に入っても私語が治まらない、会場内で携帯電話を使う、席の後方で日本酒を飲む、そして一部では、会場で暴れるなどの問題も起きている。真剣に式典に臨む若者の一方で、一部とはいえあまりに常識に欠けた無礼、無作法ぶりが目につき、「大人としての自覚が足りない」と叩かれる。

　しかし、そもそも「大人としての自覚」とは何だろう。年齢が20歳になれば「成人＝大人」なのだろうか。公の場では「マナーを守ること」「他人に迷惑をかけないこと」が基本だが、果たして20歳以上の「年長者」はそれを実践しているだろうか。タバコをポイ捨てするサラリーマン、行列に割り込む年配の女性。大人が「大人が持つべき倫理観」を示し続けない限り、彼らに倫理観を求めるのは酷な話かもしれない。

　とはいえ、非常識な行動を正当化することはできないだろう。「やったもん勝ち」の社会風潮に迎合せず、自分の行動に責任を持つことの大切さを知らなければならない。

1　毎年のように成人式がやり玉に挙がるのは何故ですか。
2　「大人としての自覚」とはどんなものですか。
3　20歳以上の「年長者」がマナーを守らないことについてどう思いますか。
4　青年たちが「大人としての自覚」を持てるようになるためにはどうしたらいいかについて話し合ってみましょう。

14

教育
교육

학습 포인트

1 ～きれない
2 ～ぬく
3 ～とか
4 ～たびに
5 ～かぎり
6 ～を～とする

회화

1 部活動と勉強 CD2-26

李 　　　橋本さんも中学や高校の時、部活動やってたんですか。

橋本　　もちろんです。こう見えても高校時代は野球部の主将だったんですよ。

李 　　　へえ、かっこいい！

橋本　　練習がきつくてやめたいと思ったことも数えきれないほどありましたけどね。

李 　　　でも、一つのことを最後までやりぬくって大切なことですよね。部活と勉強の両立は大変じゃありませんでしたか。

橋本　　そうですね。勉強とのバランスがうまく保てず大変な時期もありました。聞いた話によると、韓国の高校生は毎日夜遅くまで学校に残って勉強しているとか。

李 　　　ええ、大部分の高校がそうですね。毎日放課後に部活なんて夢のような話ですよ。

📖 새로 나온 단어

部活動 동아리 활동, 클럽 활동 | 主将 주장 | 数える 헤아리다, 세다 | ～きれない 다 ～할 수 없다 | ～ぬく 끝까지 ～하다 | 両立 양립 | バランス 밸런스, 균형 | 保つ 유지하다 | 時期 시기 | ～とか ～라고 하던데 | 大部分 대부분 | 放課後 방과 후

2 不登校

李: 不登校の生徒が小、中学校合わせて全国で12万人ぐらいいるらしいですね。

佐藤: ええ。不登校の話を聞くたびに、私も深刻さを感じます。

李: 家庭や学校もできるだけのことはしていると思いますが、子供の心の問題はなかなか簡単には解決できないんでしょうね。

佐藤: 問題児という視線で見るかぎり、子供は心を開いてくれないと思います。原因も様々ですから、それだけ対処法も難しいですし。

李: いろんな角度からの対策が必要になりますね。

佐藤: 国としても不登校への対応をテーマとした研究開発学校などを募集したりして解決策を探っているようですよ。

새로 나온 단어

不登校 등교 거부 | 合わせて 합쳐서 | ～たびに ～할 때마다 | 深刻さ 심각함 | 問題児 문제아 | ～かぎり ～하는 한 | 原因 원인 | 様々だ 다양하다 | それだけ 그만큼 | 対処法 대처 방법 | 角度 각도 | 対応 대응 | ～を～とする ～을 ～로 하다 | テーマ 테마 | 募集する 모집하다 | 探る 찾다

문법

1 **～きれない** 다 ～할 수 없다

- 還暦のお祝いでは、食べ**きれない**ほどのごちそうがテーブルの上に並んでいた。
- 大雨の被害状況がどれくらいなのか、自治体は把握し**きれない**でいた。

2 **～ぬく** 끝까지 ～하다

- 20キロを走り**ぬいた**後には満足感が残った。
- 考え**ぬいた**末、彼は仕事を辞めることにした。

3 **～とか** ～라고 하던데

- A：今年京都はとても寒い**とか**。
  B：ええ。20年ぶりの記録だそうです。

- A：会社を設立なさった**とか**。
  B：はい。と言ってもオンラインのショッピングモールですが。

새로 나온 단어

還暦 환갑 | お祝い 축하, 축하 행사 | ごちそう 진수성찬 | 状況 상황 | 自治体 자치단체 | 把握する 파악하다 | 満足感 만족감 | 末 끝에 | 記録 기록 | 設立 설립 | と言っても 그렇다고 해도 | オンライン 온라인 | ショッピングモール 쇼핑몰

4　〜たびに　〜할 때마다

- 引っ越しのたびに、要らないものがこんなにも多いのかと驚かされる。
- 人前に出るたびに、頭の中が真っ白になって何も話せなくなってしまう。

5　〜かぎり　〜하는 한

- 週末には、時間の許すかぎり子供たちといっしょに遊んでやりたい。
- 応援してくれるファンがいるかぎり、決して引退などは考えない。

6　〜を〜とする　〜을 〜로 하다

- 20代から30代をターゲットとしたゲームソフトが開発された。
- この秋は、黒を基調としたデザインが流行すると思われる。

새로 나온 단어

要る 필요하다 ｜ 驚かす 놀라게 하다 ｜ 人前 남의 앞 ｜ 真っ白 새하얌 ｜ 応援する 응원하다 ｜ ファン 팬 ｜
決して 결코, 절대로 ｜ 引退 은퇴 ｜ ターゲット 타깃, 목표 ｜ 基調 기조 ｜ 流行する 유행하다

구문연습

1 다음 보기와 같이 「～きれない」를 이용하여 회화를 완성하세요.

> **보기**
> A: お母さんはいつもあんなにたくさんおかずを作るんですか。
> B: ええ。それでいつも全部**食べきれないんです**。

1　A: 来週までにこれを全部読まないといけないんですって。
　　B: そんな！ 一週間じゃ_____。

2　A: 先生が、明日までに漢字を30個覚えてくるようにと言ってましたけど。
　　B: えっ。毎日習う漢字が多すぎて_____。

2 「～ぬく」를 이용하여 다음 문장을 완성하세요.

1　彼は長時間の手術を最後まで_____。

2　息子には何事も最後まで_____人間に育って欲しい。

3　マラソンは最後まで_____ことに意義がある。

새로 나온 단어

おかず 반찬 | 同時に 동시에 | 長時間 장시간 | 手術 수술 | 育つ 자라다 | 地方 지방 |
土砂降り 억수같이 오는 비 | 火元 발화한 곳 | ボイラー室 보일러실 | 鏡 거울 | 氷 얼음 |
滑る 활주하다

3 다음 보기와 같이「～とか」를 이용하여 회화를 완성하세요.

> 보기
> A : テレビで見たんですけど、昨日、九州地方は**大雨だったとか**。
> B : ええ。すごい土砂降りで大変だったらしいですよ。

1 A : ニュースで聞いたんですけど、昨夜横浜で_____。
　 B : ええ。火元はボイラー室だったらしいですよ。

2 A : 噂で聞いたんですけど、となりの奥さん、_____。
　 B : ええ。前から旦那さんとうまくいかなかったらしいですよ。

4 다음 보기와 같이「～たびに」를 이용하여 회화를 완성하세요.

> 보기
> A : それ、珍しい鏡ですね。
> B : ええ。**兄が出張**のたびに、珍しいお土産を買ってきてくれるんです。

1 A : あれ。お子さんのくつ、かわいい音が出るんですね。
　 B : ええ。_____たびに、音が出るようになっているんです。

2 A : 小さい頃、よく一緒に氷の上を滑ったものですね。
　 B : ええ。_____たびに、よく滑りましたね。

구문연습

5 다음 보기와 같이 「〜かぎり」를 이용하여 회화를 완성하세요.

> **보기**
> A: 定年退職後も、この仕事はずっと続けるおつもりですか。
> B: ええ。体が丈夫なかぎり**続けたいと思っています**。

1 A: 西田さんが会長になってから、この会、うまくいってますね。
  B: ええ。彼が会長でいるかぎり、＿＿＿＿＿＿＿＿＿＿＿＿＿。

2 A: 毎日忙しいですね。
  B: ええ。この会社にいるかぎり、＿＿＿＿＿＿＿＿＿＿＿＿＿。

6 「〜を〜とする」를 이용하여 다음 문장을 완성하세요.

1 この夏、＿＿＿＿＿を目標とした合宿が計画されている。

2 今回の工事は、＿＿＿＿＿を第一の条件として進めなければならない。

3 スピーチ大会は、＿＿＿＿＿を主題として行われる予定だ。

새로 나온 단어

定年退職後 정년퇴직 후 | ずっと 쭉 | 会長 회장(님) | 会 모임 | 合宿 합숙 | 第一 제일 |
条件 조건 | スピーチ大会 연설 대회 | 主題 주제

청해연습

1 다음 문장을 듣고 질문에 답하세요. CD2-28

(問) 大学進学率が上昇した直接の理由として正しいものを一つ選びなさい。

1

塾や家庭教師などの費用が減った

2

親の大学進学率が上昇した

3

大学に関わる教育費の負担が小さくなった

4

大学の数が増えた

2 다음을 듣고 ( ) 안에 들어갈 알맞은 말을 넣으세요. CD2-29

1 前に一度断られたが、(　　　　　　　) もう一度彼女にプロポーズした。

2 弟は初めての水泳大会で、入賞はしなかったが25m (　　　　　)。

3 A：最近、課長機嫌が悪いですよね。
  B：ええ、何でも昇進が (　　　　　　　)。

4 海外に (　　　　)、その国のビールを買ってくることにしている。

5 治る (　　　　　)、どんな手術でも受けます。

6 来月、(　　　　　　　) 世界子供会議が開かれる。

독해연습

● 다음 글을 읽고 아래의 질문에 답하고 서로 이야기해 봅시다. CD2-30

脱ゆとり教育

　ヒット商品に共通するキーワードといえば「コンパクト化」や「軽量化」といった言葉を連想しがちだが、2011年の新１年生向けランドセルは「大型化」がトレンドだ。これは「脱ゆとり教育」の流れの中で、ランドセルの各メーカーが教科書のページ数が大幅に増えることに対応したもので、2011年モデルでは、従来の「軽量化・コンパクト化」から「大型化」への路線転換が大きな特徴となっている。

　詰め込み教育から脱却し、子どもの学ぶ意思を尊重すべきとして始まった「ゆとり教育」。本格的な実施から10年、明らかな学力低下を引き起こして「失敗」とみなされ、2011年から「脱ゆとり教育」を主旨とした新学習指導要領に取って代わる。

　ゆとり教育の理念が生まれたのは30年も前。それまでの詰め込み教育に疑問が投じられ、子どもの個性の重視、国際化への対応が叫ばれ、学習内容の見直しや授業時間数の削減が提案された。以後、学習内容の３割削減や土曜日休校などが段階的に実施され、90年代後半から2000年代前半にかけて、本格的なゆとり教育が始まった。

　「理念と目標は間違っていなかった」という声は多い。しかし最終的には、文部科学省が失敗を認める形となった。週５日制や学習内容の削減といった処置で、ゆとりを得ることは出来なかったのだ。「脱ゆとり」政策により、今後小中学校の教育現場、そして子どもたちの学校生活も一変することになりそうだ。

1　2011年の新１年生向けランドセルが「大型化」した理由は何ですか。
2　「ゆとり教育」により、どんなことが実施されましたか。
3　学校の週５日制についてどう思いますか。
4　「脱ゆとり教育」でどんなメリット、デメリットがあるか話し合ってみましょう。

15

環境問題
환경문제

학습 포인트

1 ～一方で
2 ～上で
3 ～つつも
4 ～というものではない
5 ～べきだ
6 ～ないことには

회화

1 環境ホルモン CD2-31

李 　最近ダイオキシンとかPCBとかいう言葉をよく聞きますけど……。

田中　ああ、どちらも深刻な環境問題になっていますね。生活が豊かになる一方で、どうしてもそういう問題が出てくるんですよね。

李　　解決策は十分に論議されているんでしょうか。

田中　国レベルでの対策も必要だと思いますが、一人一人の意識がもっと重要じゃないでしょうか。生活していく上で、ゴミを出さない、ゴミを作らないという心掛けとか……。

李　　なるほど。僕も、修理して使わなくちゃと思いつつも、ついつい新しい物を買ってしまったりします。使い捨て用品なんかもよく使ってますし……。

田中　日常生活のちょっとしたところに気をつけることが大事だと思います。

새로 나온 단어

ダイオキシン 다이옥신 | PCB 폴리염화비페닐(환경호르몬의 일종) | ～一方で ～하는 한편(으로) | 論議 논의 | 国レベル 국가 수준 | ～上で ～하는데 있어서 | 心掛け 마음가짐 | 修理 수리 | ～つつも ～면서(도) | ついつい 자신도 모르게, 그만 | 使い捨て用品 일회용품 | ちょっとした 대수롭지 않은, 사소한

2 大気汚染

李　日本では、平均すると2人に1台以上の割合で車を持っているらしいですね。

小田　一家に2台はごく当たり前のようになっていますからね。でも、車が大気汚染の大きな原因になっていることも事実ですよ。

李　車は必ずなければならないというものじゃないんですけどね。

小田　ええ。環境を考えるなら、ないに越したことはないでしょう。もし買うにしても、できるだけ低公害車を選ぶべきじゃないかと思います。

李　ハイブリッド車や電気自動車なんかですか。

小田　ええ、そうです。僕は、買うなら電気の軽自動車にするつもりです。口だけでなく実践しないことには意味がありませんからね。

새로 나온 단어

平均 평균 | 割合 비율 | 一家 한 집, 한 세대 | ごく 극히 | 当たり前 당연함 | 大気汚染 대기오염 | ～というものではない ～라는 것은 아니다 | ～に越したことはない ～보다 더 좋은 것은 없다 | 低公害車 저공해차 | ～べきだ ～해야 한다 | ハイブリッド車 하이브리드차 | ～ないことには (만약) ～하지 않으면

문법

1 ～一方で ～하는 한편(으로)

- 就職準備をする人が多い**一方で**、進学を考える人も少なくない。
- 独身でいるということは、自由である**一方で**孤独であるということだ。

2 ～上で ～하는 데 있어서

- 外国生活をする**上で**大切なことは、自分の国の常識を当てはめないことである。
- 受験勉強の**上で**重要なことは、前向きな思考と不断の努力だ。

3 ～つつも ～면서도

- 口ではしょうがないと言い**つつも**、頼んだことは必ず引き受けてくれる。
- 結婚を承諾し**つつも**、心のどこかではまだ迷っている部分があった。

새로 나온 단어

準備 준비 | 孤独だ 고독하다 | 常識 상식 | 当てはめる 적용시키다 | 思考 사고 | 不断 부단, 끊임없음 | 引き受ける 떠맡다

4 〜というものではない ~라는 것은 아니다

- 料理は、材料さえ揃えば誰でもできるというものではない。
- 客へのサービスを考えず、ただ会社が儲かればいいというものではない。

5 〜べきだ ~해야 한다

- 若者は、海外に一度は行って見聞を広げるべきだ。
- 温暖化対策の一つとして、まずは車の走行量を減らすべきである。

6 〜ないことには (만약) ~하지 않으면

- 体が丈夫でないことには、何事にも積極的に取り組めない。
- 意見をもっと出さないことにはいつまでたっても結論が出ない。

새로 나온 단어

材料 재료 | **揃う** 갖추어지다, 구비되다 | **儲かる** 벌이가 되다 | **見聞** 견문 | **広げる** 넓히다 | **走行量** 주행량 | **減らす** 줄이다

구문연습

1 다음 보기와 같이「〜一方で」를 이용하여 회화를 완성하세요.

> **보기**
> A: うちの主人、子供を叱ってばかりいるんです。
> B: **厳しく叱る一方で**、ちゃんと褒めてあげることも必要ですよ。

1　A: 独り暮らしは寂しくありませんか。
　　B: そうですね。でも、＿＿＿＿＿＿＿＿＿＿、気楽だという良さも
　　　ありますよ。

2　A: 彼女、毎日大変そうですが、バイト以外に何かしてるんでしょうか。
　　B: ええ。＿＿＿＿＿＿＿＿＿＿、家の手伝いもしているそうですよ。

2「〜上で」를 이용하여 다음 문장을 완성하세요.

1　＿＿＿＿＿＿＿上で大切なことは、いい食材を選ぶことだ。

2　うがいを習慣化することは、＿＿＿＿＿＿＿上で大変重要なことだ。

3　インターネットは＿＿＿＿＿＿＿上で、とても役に立つ。

❸ 다음 보기와 같이 「～つつも」를 이용하여 회화를 완성하세요.

> 보기
> A : どうしていつも返事をくれないんですか。
> B : すみません。**書かなければと思い**つつも、すぐ忘れてしまって。

1　A : どうして万引きなんてしたんですか。
　　B : すみません。＿＿＿＿＿＿つつも、ついやってしまいました。

2　A : あんなに強く叱らなくても。
　　B : 口では＿＿＿＿＿＿つつも、心の中では励ましていたんです。

❹ 「～というものではない」를 이용하여 다음 문장을 완성하세요.

1　＿＿＿＿＿＿はただやればいいというものではない。内容が問題だ。

2　＿＿＿＿＿＿は早ければいいというものではない。安全が第一だ。

3　外国語は、習っていれば自然に＿＿＿＿＿＿というものではない。

새로 나온 단어

褒める 칭찬하다 | 気楽だ 마음이 편하다 | 食材 식재료 | うがい 양치질 | 習慣化 습관화 |
万引き 물건을 사는 체 하고 훔침 | 励ます 격려하다 | 安全 안전 | 自然に 자연스럽게

구문연습

5 다음 보기와 같이 「～べきだ」를 이용하여 회화를 완성하세요.

> 보기
> A : 暗くなったので今日の捜索は打ち切るそうです。
> B : いや、見つかるまで捜索は**続ける**べきですよ。

1　A : 私のせいだと分かってるんですが、なかなか謝れなくて……。
　　B : 悪いのが分かっているなら早く＿＿＿＿＿＿＿＿＿＿べきですよ。

2　A : さっきお財布を拾ったんです。
　　B : じゃあ、すぐに＿＿＿＿＿＿＿＿＿＿べきですよ。

6 다음 보기와 같이 「～ないことには」를 이용하여 회화를 완성하세요.

> 보기
> A : せっかくいい仕事が入ったのに体を壊してしまいました。
> B : **体が健康でないことには**、いい仕事も意味がありませんよ。

1　A : どうせ負けるからと監督が試合をさせてくれないんです。
　　B : ＿＿＿＿＿＿＿＿＿＿、勝つか負けるかわかりませんよ。

2　A : 先生が来るかどうか連絡がとれないそうです。
　　B : 困りましたね。＿＿＿＿＿＿＿＿＿＿、会議を始めることができませんよ。

📖 **새로 나온 단어**

捜索 수색 ｜ 打ち切る 중지하다 ｜ 拾う 줍다 ｜ どうせ 어차피

청해연습

1 다음 대화를 듣고 질문에 답하세요. CD2-33

(問) 古いはさみはいつ出しますか。

1 [10月 카렌다 - 2, 16 동그라미]
2 [10月 카렌다 - 6, 20 동그라미]
3 [10月 카렌다 - 11, 25 동그라미]
4 [10月 카렌다 - 13, 27 동그라미]

2 다음을 듣고 (   ) 안에 들어갈 알맞은 말을 넣으세요. CD2-34

1　日本は物が(　　　　　　　)、心が貧しくなったと言われている。

2　子供が(　　　　　　　)団体生活の経験は大きな意味がある。

3　その映画は(　　　　　　　)作品的には大した評価を得られなかった。

4　レポートも論文も(　　　　　　　)。要は内容だ。

5　子供でも悪いことをしたら、大人はきちんと(　　　　　　　)。

6　靴は実際に(　　　　　　　)自分に合うかどうかわからない。

독해연습

● 다음 글을 읽고 아래의 질문에 답하고 서로 이야기해 봅시다. CD2-35

ストップ・ザ・温暖化

「緑の力で地球を冷やそう!」を合い言葉に、「緑のカーテン」作りに挑戦する家庭や学校が増えている。「緑のカーテン」とは、窓など、建物の外側に植物を生育させることにより、建築物の温度上昇抑制を図る省エネルギー手法だ。楽しく気軽に育てるだけでヒートアイランドや地球温暖化防止に役立つため、毎年各地で緑のカーテンフォーラムも開催されている。

1990年代に入り、地球温暖化が人類を始めとする生物界全体に深刻な問題をもたらすことが指摘され始めた。温室効果ガスとは、その地球温暖化の原因となっている二酸化炭素、メタン、亜酸化窒素、フロン等の大気中のガスを指す。その中でも最も温暖化に影響を及ぼしているのが二酸化炭素だ。日本は、中国、アメリカ、ロシア、インドに次いで世界で5番目の二酸化炭素排出大国になっている。

では、二酸化炭素の排出を減らすために、我々にできることは何だろうか。冷房の温度を1℃高く、暖房の温度を1℃低く設定するだけで、一家庭当たり年間約31kgの二酸化炭素を削減することができるという。その他にも、通勤や買い物の際にできるだけ自家用車を使わない、長時間使わない家電製品のコンセントは抜いておく、身体を洗っている間お湯を流しっぱなしにしない、買い物袋を持ち歩きレジ袋を減らす等、今すぐ実践できることは少なくない。

今の快適さだけを追求するライフスタイルを見直し、環境を守ろうとする一人一人の小さな努力こそ、未来の地球を守る大きな力になるだろう。

1. 「緑のカーテン」とは何ですか。
2. 温室効果ガスのうち、最も温暖化に影響を及ぼしているものは何ですか。
3. 真夏にエアコンを28度に設定することについてどう思いますか。
4. 環境を考えない行動にはどんなものがあるか改善策と共に話し合ってみましょう。

16

高齢化社会
고령화사회

학습 포인트

1 ～きり
2 ～ことだ
3 ～というより
4 ～わけだ
5 ～としても
6 ～ようがない

회화

1 介護問題 CD2-36

木村 　うちのお祖母ちゃん、もうすぐ96歳になるんですけど、すごく元気なんですよ。

李 　　それは何よりですね。病気で倒れたきり、起き上がれなくなる人が85歳ぐらいから急上昇するってニュースで言ってましたけど。

木村 　一度そうなってしまうと、介護が大変らしいですね。

李 　　寝たきりは寝かせきりから作られると言われてるそうです。過度の安静は避けて、寝かせきりにしないことですね。

木村 　でも、介護は家族だけの問題というより、社会全体で支えていく必要がありますよね。介護保険制度が出来たのもそのためですし。

李 　　高齢者福祉はどの国でも大きな課題ですね。

새로 나온 단어

何より 가장 좋음 | 倒れる 쓰러지다 | ～きり ～한 채 | 起き上がる 일어나다 | 急上昇 급상승 | 介護 간호, 보살핌 | 寝たきり 병 등으로 쓰러진 후 일어나지 못하는 것 | 寝かせる 누이다, 재우다(=寝かす) | 過度 과도 | 安静 안정 | ～ことだ ～하는 것이 상책이다 | ～というより ～라기 보다 | 支える 유지하다, 지탱하다 | 保険制度 보험제도 | 高齢者 고령자 | 福祉 복지

2 国民年金

李： 国民年金の保険料って平成29年度まで毎年少しずつ上がっていくんですってね。

上村： ええ。養ってもらう人口が増えて養う人口が減るので、保険料の引き上げで解決を試みることになったわけですよ。

李： でも、少子化のために現役労働者が減少しているのに、扶養者層の負担が大きくなりませんか。

上村： そうですね。たとえ年金を払い続けたとしても、自分が将来どれだけ受け取ることができるのかという不安の声も出ていますしね。

李： 他人事じゃありませんね。

上村： でも、少子高齢化の現実を直視するならば、政府としてもこうする以外にどうしようもないんだと思いますよ。

새로 나온 단어

国民年金 국민연금 | 保険料 보험료 | 養う 부양하다, 돌보다 | 引き上げ 인상 | ～わけだ ～한 셈이다 | 現役労働者 현재 일하는 노동자 | 減少 감소 | 扶養者層 부양자층 | たとえ～としても 설령 ～라고 하더라도 | 他人事 남의 일 | 直視する 직시하다 | ～ならば ～한다면 | ～ようもない ～할 수도 없다

문법

1 〜きり ~한 채

- 一度電話があった**きり**、それ以降連絡が途絶えた。
- 昨日お昼ごはんを食べた**きり**、その後何も口にしていない。

cf 母は倒れた父をつきっ**きり**で看病している。

2 〜ことだ ~하는 것이 상책이다

- 上司に注意されたことはあまり深く考えすぎない**ことだ**。
- A: 母が体調を崩して入院しているんです。

  B: そばにいてあげる**ことです**ね。それが一番安心すると思いますよ。

cf いつも遅刻する彼の**ことだ**。あと10分ぐらいで来るだろう。

3 〜というより ~라기 보다

- 会社の社員旅行**というより**ワークショップに近かった。
- この本は子供向け**というより**、むしろ大人を対象に書かれたものだ。

새로 나온 단어

以降 이후 | **途絶える** 끊어지다 | **口にする** 먹다 | **つきっきりで** 곁을 떠나지 않고 | **看病する** 간병하다 | **体調を崩す** 몸이 아프다 | **安心する** 안심하다 | **ワークショップ** 워크숍 | **むしろ** 오히려 | **対象** 대상

4 〜わけだ 〜할만도 하다, 〜한 셈이다

- 彼女は私の弟と結婚した。つまり、私の義理の妹になる**わけだ**。
- A: 昨日は朝まで残業だったんですよ。
  B: それで昨日電話を取らなかった**わけです**ね。

5 〜としても (설령) 〜라고 해도

- もし彼が貧乏だ**としても**愛する気持ちは変わらない。
- たとえ今から行った**としても**間に合わないだろう。

6 〜ようがない 〜할 수가 없다

- 試験範囲がわからなければ勉強のし**ようがない**。
- 電話が通じないので、母の無事を知らせ**ようがない**。

새로 나온 단어

義理 혈족과 같은 관계에 있음 | 電話を取る 전화를 받다 | 貧乏だ 가난하다 | 範囲 범위 | 通じる 연결되다 | 知らせる 알리다

구문연습

1 다음 보기와 같이 「〜きり」를 이용하여 회화를 완성하세요.

> 보기
> A: 山内さんとは連絡をとっていますか。
> B: いいえ、**去年会ったきり**、全く連絡をとっていません。

1 A: 彼、中国から帰ってきたんでしょうか。
   B: いいえ、＿＿＿＿＿＿＿＿＿、そのまま住んでいるらしいですよ。

2 A: うちの子、プールからまだ帰ってないんですよ。
   B: うちも＿＿＿＿＿＿＿＿＿、まだ帰ってないので心配です。

2 다음 보기와 같이 「〜ことだ」를 이용하여 회화를 완성하세요.

> 보기
> A: 今夜、飲み会に誘われちゃって。
> B: やっと回復したんだからお酒はいけませんよ。
> **誘われても行かない**ことです。

1 A: 頼まれると断れない性分で、自分が嫌になります。
   B: 結局は自分が困るんだから、できそうにないことは＿＿＿＿＿＿＿＿
   ことです。

2 A: 意志が弱いせいか、英語の勉強が続かなくて。
   B: したりしなかったりでは効果がありませんよ。
   語学はとにかく＿＿＿＿＿＿＿ことです。

3 다음 보기와 같이 「～というより」를 이용하여 회화를 완성하세요.

> 보기
> A：山本さんとは性格が合わないようです。価値観の違いでしょうか。
> B：**価値観の違いというより**、彼が自分勝手なだけだと思いますけど。

1　A：奥さん、お若くていいですねえ。
　　B：＿＿＿＿＿＿＿＿＿＿幼いんですよ。そんなに年は違わないのに。

2　A：ご両親、山登りがご趣味のようですね。
　　B：＿＿＿＿＿＿＿＿＿＿山菜採りですね。毎回、いろんなものを採ってきますから。

4 다음 보기와 같이 「～わけだ」를 이용하여 회화를 완성하세요.

> 보기
> A：この地域は郊外にしては非常に交通の便がいいんですよ。
> B：なるほど。それで引っ越すなら**この地域にしたいわけですね**。

1　A：新宿から会社まで1時間あれば戻れますよ。
　　B：じゃあ、午後3時の電車なら＿＿＿＿＿＿＿＿＿＿わけですね。

2　A：翻訳は全部で20ページで、今5人いますから……。
　　B：一人4ページずつ＿＿＿＿＿＿＿＿＿＿わけですね。

📘 새로 나온 단어

回復 회복 ｜ 性分 성격 ｜ 意志 의지 ｜ 効果 효과 ｜ とにかく 하여간, 어쨌든 ｜ 価値観 가치관 ｜
自分勝手だ 제멋대로다 ｜ 幼い 어리다 ｜ 山菜採り 산나물 채집 ｜ 採る 뽑다, 채집하다 ｜ 郊外 교외 ｜
～ずつ ～씩

구문연습

5 「～としても」를 이용하여 다음 문장을 완성하세요.

1 たとえ彼と同じ境遇だったとしても、私なら＿＿＿＿＿＿＿＿＿＿。

2 仮に私が責任者だったとしても、この問題を＿＿＿＿＿＿＿＿＿＿。

3 もしあなたが私を嫌いになったとしても、私は＿＿＿＿＿＿＿＿＿＿。

6 「～ようがない」를 이용하여 다음 문장을 완성하세요.

1 連絡先を教えてくれなかったのだから、＿＿＿＿＿＿＿＿。

2 詳しい事情を知らないのだから、代筆を頼まれても＿＿＿＿＿＿＿＿。

3 相談に乗ってあげたくても、泣いてばかりいるのだから＿＿＿＿＿＿＿＿。

새로 나온 단어

境遇 경우, 처지 | 仮に 만일, 만약 | 責任者 책임자 | 連絡先 연락처 | 詳しい 자세하다, 상세하다 | 代筆 대필 | ～てばかりいる ～하고만 있다

청해연습

1 다음 문장을 듣고 질문에 답하세요. CD2-38

(問) 本文の内容と合うグラフを一つ選びなさい。

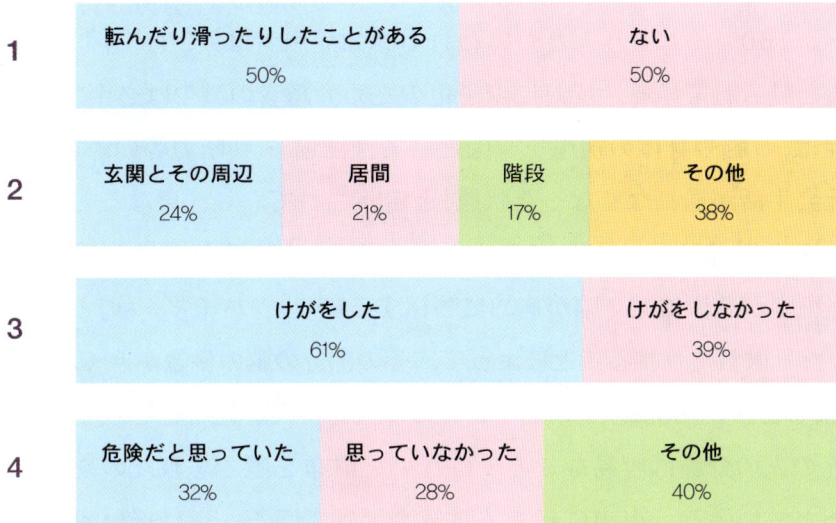

1	転んだり滑ったりしたことがある 50%	ない 50%		
2	玄関とその周辺 24%	居間 21%	階段 17%	その他 38%
3	けがをした 61%	けがをしなかった 39%		
4	危険だと思っていた 32%	思っていなかった 28%	その他 40%	

2 다음을 듣고 (   ) 안에 들어갈 알맞은 말을 넣으세요. CD2-39

1 弟は、学校から帰って（　　　　　　）、夕食になっても出てこない。

2 人生を楽しく生きるには、いつでも（　　　　　　　　）。

3 妻にダイヤの指輪をプレゼントしたが、（　　　　　　　）買わされた感じだ。

4 季刊誌は３ヶ月ごとに発行される。つまり（　　　　　　）。

5 たとえ（　　　　　　　　）また彼と出会い結婚したい。

6 論文の目次を見ただけでは、何とも（　　　　　　　）。

독해연습

● 다음 글을 읽고 아래의 질문에 답하고 서로 이야기해 봅시다. CD2-40

介護最前線

　介護を巡り経済的、精神的に追い詰められ、殺人や心中に至る事件は後を絶たない。160万～170万人ともいわれる認知症患者は、2015年には250万人に達すると見られている。反対に少子化のため介護者の減少は必至である。

　認知症は、「脳や身体の疾患を原因として、記憶・判断力等の障害が起こり、普通の社会生活が送れなくなった状態」と定義されており、単なるもの忘れではなく、脳が病的に障害されて起こるものだ。原因となる病気は様々だが、多くは、脳の神経細胞が急激に減り脳が病的に萎縮する「アルツハイマー病」と、脳の血管が詰まったり破れたりすることによって、その部分の脳の働きが悪くなる「脳血管障害」によるという。85歳以上のお年寄りの4人に1人が認知症だといわれている。

　認知症の人の介護は容易なことではない。財布を置き忘れたのを誰かに盗まれたのだと言い張る、夜中に起きて電気をつけて回る、道に迷い家に帰れなくなる、トイレに間に合わなくなる、うちにいるのに「帰る」と言って聞かない。これがいつまで続くかわからないのだ。家族が疲れ果てるのも無理はない。

　誰もがこの病気になる可能性があり、また、その家族になるかもしれないのだ。認知症患者をどう受け入れ、見守っていくか、高齢化社会に不可避のこの問題を社会全体で考えていく必要がある。

1　認知症は何故起こるのですか。
2　認知症患者の記憶障害の具体例を挙げなさい。
3　介護疲れにより殺人や心中に至ることについてどう思いますか。
4　家族に認知症患者が生じた場合、どのように対応していったらよいか話し合ってみましょう。

부록

□ **구문연습 답안 예**
□ **청해연습 스크립트 및 정답**
□ **독해연습 정답**

1 구문연습 답안 예

01

① 1 について
   2 に対して
   3 に対して

② 1 彼との出会い
   2 今回のボランティア
   3 先輩からの指摘

③ 1 来ないはずがありませんよ
   2 負けるはずがありませんよ

④ 1 お客さんが多くて
   2 ふられちゃうんですよ

⑤ 1 私が読んだ
   2 ちょっと話した

02

① 1 上司
   2 ご両親

② 1 小さく揺れた
   2 出掛けた

③ 1 風邪
   2 下がり

④ 1 法律
   2 都合
   3 宗教

⑤ 1 自分に対する嘘をきらうものだ
   2 やってみた者でなければわからない
   3 ありがたいものだ

⑥ 1 天候次第でしょうね
   2 使い方次第ですよ

03

① 1 合格する
   2 貸してくれない

② 1 危険な地域もありますからね
   2 行けないかも知れません

③ 1 引っ越す
   2 あきらめる

④ 1 とうとう留学をあきらめることにした
   2 やっぱり彼と別れることに決めた
   3 約束をすっぽかされた

⑤ 1 生活費まで払わなければならないんです
   2 英語の発表の準備までしないといけないんです

⑥ 1 お見合い
   2 焼酎3本

04

① 1 会っている
   2 知らない

② 1 主治医の先生
   2 友人

③ 1 買い物の
   2 ガソリンを入れる
   3 実家に帰った

④ 1 どんどんひどくなる
   2 苦しくなる

⑤ 1 地図を見ながら来た
   2 早めに病院に行った

⑥ 1 緊張
   2 感動
   3 ショック

05

①
1. 彼女
2. 恩師(おんし)
3. 彼の努力(どりょく)

②
1. 私って何か食べ
2. 前のステージをクリアし

③
1. 時間がなかった
2. 借金癖(しゃっきんぐせ)がひどい

④
1. かなり古(ふる)い
2. ３日も無断欠勤(むだんけっきん)した

⑤
1. リストラされた
2. 姑(しゅうとめ)の干渉(かんしょう)
3. 父の暴力(ぼうりょく)

⑥
1. 濡(ぬ)れるの
2. 身(み)なり
3. 夜遅(よるおそ)いの

06

①
1. 本人(ほんにん)がやりたいと言う
2. 約束(やくそく)した

②
1. よく叱(しか)られた
2. よく歌(うた)ってくれた

③
1. ソウル
2. 他(ほか)の国(くに)
3. 肉(にく)

④
1. ストーカーに追(お)い回(まわ)される
2. 半袖(はんそで)で出掛(でか)けてしまった

⑤
1. 結果(けっか)について
2. 昔(むかし)のこと
3. 予算(よさん)

⑥
1. 行く／行かない
2. 高い／安い

07

①
1. 私の妹(いもうと)
2. ビーフカレー
3. 好きな紅茶(こうちゃ)を飲みながら、おしゃべりをすること

②
1. ジョギングは趣味(しゅみ)のようなものなんです
2. 車はなくてはならないものですから

③
1. 休(やす)み
2. 思い

④
1. 逆転負(ぎゃくてんま)けだったそうですよ
2. 開(ひら)き直(なお)っていましたよ

⑤
1. 思った
2. 母親(ははおや)から言われた
3. 規則(きそく)

⑥
1. 関係(かんけい)がない
2. お金(かね)がない

08

①
1. 古代(こだい)の遺跡(いせき)を想像(そうぞう)しますね
2. ヘルシーなイメージがありますね

②
1. 写真(しゃしん)の現像(げんぞう)
2. アメリカ

③
1. どんな食材(しょくざい)でも手(て)に入(はい)るようになった
2. 誰でも応募(おうぼ)することができる
3. 頭(あたま)の痛(いた)い課題(かだい)の一つだ

④
1. 農家(のうか)
2. 先生たち

⑤
1. 可能性(かのうせい)がないこともないと思いますが
2. 買えないこともないと思いますが

⑥
1. 嬉(うれ)しい
2. 明(あか)るい
3. 楽(たの)しい

09

① 1 楽しくてしょうがないんです
2 眠くてしょうがありません

② 1 女性
2 高校生
3 喫煙者

③ 1 また入院する
2 ドレスを着られない

④ 1 夢
2 噂

⑤ 1 家を出た
2 体は大変元気だ
3 協力することにした

⑥ 1 思っていたような人じゃありませんでした
2 噂されていたような豪邸じゃありませんでした

10

① 1 三浦さんでしたっけ
2 今日発売でしたっけ

② 1 信じる
2 帰国する
3 待ち続ける

③ 1 小さなものですよ
2 たった3ヶ月だけですよ

④ 1 休んだ
2 風邪の

⑤ 1 みんなが持っているわけではありませんよ
2 一日中しているわけではありませんよ

⑥ 1 校長
2 招待客
3 専門家

11

① 1 自分の宿題
2 食事

② 1 あきらめざるをえなかったんです
2 やらざるをえないんです

③ 1 手伝わ
2 読ま
3 祈ら

④ 1 健康でさえあれ
2 薬を飲みさえすれ

⑤ 1 九州から
2 9時から

⑥ 1 外に出て気分転換をしたい
2 厳しくしつけるのである
3 勉強を頑張れたのかもしれない

12

① 1 病気になってはじめて
2 自分でやってみてはじめて

② 1 予算についても話し合いましたよ
2 費用も高くなると思います

③ 1 畑だった
2 午後から雨が降る
3 空港に到着した

④ 1 しっかりしていますね
2 ちょっと枚数が足りないようですが

⑤ 1 傷だらけでしたね
2 間違いだらけでした

⑥ 1 一流の店
2 小さい頃から練習してきた
3 長い伝統がある

13

① 1 一度も会ってません
　2 全然やってません

② 1 大金持ちになって一生遊んで暮らしたい
　2 世界旅行に行っていろんな国の人と友だちになりたい
　3 今度は美人に生まれたい

③ 1 火事になるところでした
　2 遅刻するところでした

④ 1 預かってくれる人がい
　2 治ら
　3 手に入ら

⑤ 1 持っていくことはありませんよ
　2 怖がることはありませんよ

⑥ 1 だいぶ上がっている
　2 退院はあさってぐらいになる

14

① 1 読みきれませんよ
　2 覚えきれませんよ

② 1 耐えぬいた
　2 頑張りぬく
　3 走りぬく

③ 1 大きな火事があったとか
　2 離婚なさったとか

④ 1 歩く
　2 冬が来る

⑤ 1 これからもうまくいくと思います
　2 長期の休みはとれそうもありません

⑥ 1 県大会の勝利
　2 安全
　3 「グローバル時代」

15

① 1 寂しい一方で
　2 バイトをする一方で

② 1 料理をする
　2 風邪を予防する
　3 情報を集める

③ 1 悪いと知り
　2 叱り

④ 1 宿題
　2 タクシー
　3 話せるようになる

⑤ 1 謝る
　2 警察に届ける

⑥ 1 実際にやってみないことには
　2 先生が来ないことには

16

① 1 中国へ行ったきり
　2 出掛けたきり

② 1 頼まれても断る
　2 続ける

③ 1 若いというより
　2 山登りというより

④ 1 ４時には戻れる
　2 翻訳すればいい

⑤ 1 彼のようにはしなかっただろう
　2 解決することは難しかっただろう
　3 あなたを愛し続けます

⑥ 1 連絡のしようがない
　2 書きようがない
　3 話しようがない

2 청해연습 스크립트 및 정답

01

❶
ミヨン： 何、見てるんですか。
ゆきこ： 恋愛についてのアンケートの結果です。付き合うとき、男と女、どちらが先に告白するのがいいかっていう。
ミヨン： もちろん、男の人が先じゃないんですか。
ゆきこ： それが、そうでもないんですよ。30代は告白されたいっていう女の人が圧倒的に多いんですけど、20代ではあまり差がないし、10代になるとほぼ同じなんですよ。
ミヨン： へえ、そうなんですか。私ははずかしくて告白なんてできませんけど。
ゆきこ： 確かに、昔は男の人が告白するのが当然だと言われてましたけど、最近は変わってきてるんですね。

問　二人が見ているグラフはどれですか。
정답　①

❷
1　郊外に(引っ越したのをきっかけに)毎朝、ジョギングをするようになった。
2　中学生の頃、両親や(先生に対して)よく反発したものだ。
3　最近の日本の(若者について)どう思いますか。
4　まじめで有名な田中さんが、人のものを(盗むはずがない)。
5　私が(知っている限りでは)、山本さんは先月会社をやめたはずだ。
6　親は誰でも「(うちの子に限って)そんなことはしない。」と言う。

02

❶
　現代人なら誰もが、ストレスを感じながら生活していると言っていいだろう。先日、ある雑誌で見たアンケートによると、ストレスも人によって違うように、その解消法も実にいろいろである。
　一般的なものでは「カラオケ」「飲酒」「旅行」「買い物」などが挙げられていたが、「ペットと話す」「皿を割る」「髪の色を変える」、または「何もしない」というものまでストレス解消法も人によってずいぶん違うようだ。
　しかし「ストレスを解消しようと無理に何かをすると、かえってストレスがたまる。」とも言われる。大事なのは、自分にあった解消法を見つけることだ。

問　本文に出てこなかったストレス解消法はどれですか。
정답　③

❷
1　試験に合格するかどうかは自分の(努力次第)である。
2　田中さんとは(仕事上)でもプライベートでも、いいパートナーです。
3　けがのためレギュラーが二人ぬけたせいか、今日の試合は(押され気味だ)。
4　子供が何歳になっても、(親にしたら)子供はいつまでも子供だ。
5　雨が(やんだと思ったら)、またすぐ降り出した。
6　健康の(大切さというものは)、病気になってはじめてわかることが多い。

03

❶

パク：鈴木さん、きのうは何時まで飲んだんですか。私は1次会で帰りましたけど。
鈴木：4時です。今日は二日酔いで大変です。
パク：何を飲んだんですか。
鈴木：1次会はビールで、2次会では焼酎と日本酒でした。
パク：2次会で終わったんですか。
鈴木：いいえ、そのあと3次会ではウイスキーを飲みました。
パク：ずいぶん飲みましたね。二日酔いは当然ですよ。
鈴木：う〜ん、3次会でジュースを飲んだらよかったんですけど……。
パク：そうですね。

問　鈴木さんはきのう、何を飲みましたか。
정답　④

❷　1　兄は進路について（迷ったあげく）カナダに留学することにした。
　　2　どうせ（落ちるに決まっている）と、弟は大学入試の勉強をしない。
　　3　契約に関わる大事なプレゼンテーションだから（失敗するわけにはいかない）。
　　4　たばこを吸わない人はよく「（禁煙なんて）簡単だ」と言うが、実は難しい。
　　5　母は新しい傘を買ったと喜んでいるが、またすぐ（なくすに決まっている）。
　　6　台風の影響で（停電に加えて）浸水などの被害が発生している。

04

❶

女1：おひさしぶりです。あれ、ちょっとやせたんじゃないですか。
女2：はい、クリスマスまでに彼が欲しいのでダイエットしたんです。
女1：どんなダイエットをしたんですか。
女2：卵ダイエットとりんごダイエットをしました。
女1：何キロぐらいやせましたか。
女2：そうですね。卵ダイエットで2キロ、りんごダイエットで5キロやせました。
女1：えっ、そんなにやせたんですか。
女2：でも、リバウンドで3キロ戻ってしまいました。
女1：運動はしないんですか。
女2：私、運動は嫌いなんです。

問　ダイエットで結局、何キロやせましたか。
정답　③

❷　1　子供をなくした両親は（悲しみのあまり）病気になってしまった。
　　2　その会社はCMやポスターなどの（広告を通して）広く知られている。
　　3　外国で長く（暮らしているうちに）母国語を忘れてしまうことがある。
　　4　A: 就職活動はどうですか。
　　　　B: 景気も良くないし、（厳しくなる一方）ですよ。
　　5　虫歯の治療を（受けるついでに）他の歯も検査してもらった。
　　6　小さい頃からそろばんを（習っていたおかげで）計算は得意だ。

05

①

A：スマートフォンを買おうと思うんだけど、どれがいいかなあ。
B：そうねえ。あら、これ、折りたたみ式よ。めずらしいね。
A：うん。でも、折りたたみ式だとスマートフォンじゃないみたいでいやだな。
B：そうね。あ、これなんかどう？ 横にスライドするから、タイピングしやすいんじゃない？
A：う〜ん。キーボード式はちょっとねえ…。やっぱりタッチ式がいいな。
B：タッチ式かあ。じゃあ、これは？ すっきりしててかっこいいんじゃない？
A：ほんとだ。青い色もさわやかでいいね。
B：うん、素敵よ。これにしたら？
A：うん。

問　男の人はどの携帯を買いますか。
정답　④

②
1　子供たちは服が（汚れるのもかまわず）泥遊びをしている。
2　今や、現代人の生活は（コンピューターをぬきにしては）語れない。
3　きのう夜勤で（徹夜をしたものだから）眠くてたまらない。
4　社長が（帰国してからでないと）正式な契約はできません。
5　都心では、車よりも電車に乗るのが（経済的な上に）速いことが多い。
6　会議では反対しなかったが、個人的に彼の意見には（賛成しかねる）。

06

①

近年、ペットを家族の一員とし屋内で犬や猫を飼う人が増えてきました。そんな人達にとって、ペットを家においで外出するのは不安でもありつらいことでしょう。

しかしつらいのはペットも同じだそうで、犬を例にとってみると飼い主が外出の準備を始めた段階からすでにパニックを起こす場合があるといいます。

たとえば、いつもと違って落ち着かずうろうろ歩き回ったり、自分の足が赤くなるまでなめ続けます。その他にも必要以上にほえたり興奮したりしますが、これは飼い主と離れることへの不安から起きる症状だそうです。

ペットを飼うということは、人間の子どもを育てるのと同じように細かい配慮とやさしさが必要と言えるようです。

問　犬が起こす問題行動の説明になかったものはどれですか。
정답　③

②
1　やると（引き受けた以上）、途中で投げ出すわけにはいかない。
2　子供の頃、夏休みは父とよく（川遊びをしたものだ）。
3　何と言っても東京は他の（都市にくらべて）物価が高い。
4　彼女との婚約が決まって、うれしくて夜も（眠れないほどです）。
5　その人と（結婚するかどうかはともかく）、とりあえずつきあってみることにした。
6　結婚式の招待状の返事は（出席するにしろしないにしろ）早めに出すべきだ。

07

①

女1：じゅんこさん、その指輪いいですね。
女2：あ、これですか。大学の卒業の時、仲よしだったグループで「友情のしるし」に作ったんです。
女1：「友情のしるし」ですか。ちょっと見せてください。この鳩は何か意味があるんですか。
女2：それは、私たちが大学の時に活動していた平和のためのボランティアサークルのマークなんです。鳩は平和を意味しますから。
女1：そうですか。あれ、内側に何かありますね。
女2：私たち3人の頭文字がほってあるんです。
女1：すてきな指輪ですね。

問　話の内容と合う指輪はどれですか。
정답　②

②
1　信じていた人に (裏切られるくらい) 悲しいことはない。
2　大統領選挙の投票は (国民にとって) 重要な義務と権利である。
3　冬はどうしても、朝のジョギングは (怠けがち) になる。
4　逮捕された犯人は (反省するどころか)、自分は悪くないと言い張っている。
5　母から (教えられたとおり) キムチを作ったのに、なぜか味がへんだ。
6　将来、どんな仕事に (つくにしても) 英語は勉強しておいたほうがいい。

08

①

女1：何してるんですか？
女2：ああ、ヘジュンさん、インターネットショッピングですよ。
女1：どれどれ。あっ、これいいんじゃないですか。夏らしくて。
女2：う〜ん、可愛いですけど、夏以外持てないかも。
女1：そうですねえ。じゃ、これは？ 大きさもちょうどいいし。
女2：いいんですけど、肩にかけられないですね。私、荷物多いんですよ。
女1：そうですか。じゃあ、これは？ 肩にかけられるし、深さもあってたくさん入りそうですよ。
女2：ええ、よさそうですね。じゃあ、それにします。

問　女の人が買うことにしたものはどれですか。
정답　①

②
1　昔は (校長先生というと) 男の人を考える人が多かった。
2　彼女はさばさばしていて (男性にはもちろん) 女性にも人気がある。
3　ユニセフなどの国際機関では (国籍を問わず) 有能な人材が求められる。
4　価格破壊は (消費者からすると) うれしい経済現象である。
5　新幹線に乗れば、静岡から東京の会社まで (通えないこともない)。
6　彼は、人には (甘い反面)、自分にはとても厳しい。

09

❶

(就職相談室で、相談に来た学生と先生)
女子学生：先生、私、どんな業界に就職したらいいかわからないんですが。
先　　生：まず、自分がどんな方面に興味があるか考えてみたらいいですよ。
女子学生：そうですね。ファッションとか、美容とか。
先　　生：じゃあ、そういう業界に関心がありますか。
女子学生：ええ、よくその業界にいる友人の話とか聞いたりします。
先　　生：他には？
女子学生：テレビのCMとか雑誌の広告なんかも面白そうですね。それから出版関係もいいかなあと思うんですけど……。

問　女子学生に興味のある業界ではないものを一つ選びなさい。

정답　①

❷
1　おととい買ったくつが、今日から50％セールだと聞いて(くやしくてしょうがない)。
2　このレストランは(子供向けの)メニューが多い。
3　無理なダイエットは、結局は(体を壊すことになる)。
4　彼が試験に合格したのは、実力ではなく(運が良かったからにすぎない)。
5　彼は(アマチュアながら)デザインコンクールで優勝した。
6　妹は(ドラマに出てくるような)運命の出会いを待っている。

10

❶

日本全国で習い事をする人のうち、最も多いのは「専業主婦」だそうである。その中で20代以下は一番少なく、30代、40代になると3割を超え、50代になると半数近くになり、複数の習い事をする人も、40代以上が多いそうだ。
　習い事の中で全世代に人気があるのは「英会話」で、世代により好みの違いが大きいものは「エアロビクス」や「ダンス」などの運動系である。
　好まれる運動のタイプは20代では「ダンス」であるが、30代では「エアロビ」や「テニス」、40代では「スイミング」で、年齢があがるにつれ、娯楽性・ゲーム性があるものより健康維持の性格が強いものを好むようになる。

問　年代の変化と、好まれる運動の種類について正しいものを一つ選びなさい。

정답　②

❷
1　ソウルオリンピックの開催は(何年でしたっけ)。
2　病気を治すには(手術するしかない)と医者に言われた。
3　全国大会で(優勝したといっても)、出場者は全部で10チームだった。
4　小さい頃一度犬に(かまれたせいか)今でも犬は恐くて触れない。
5　社長の意見に、社員全員が(賛成しているわけではない)。
6　どんな時も私たちのために尽くしてくれる母を(女性として)尊敬している。

11

❶

(幼稚園の先生同士の会話)
先生1：わあ、鬼の絵ですね。
先生2：ええ、節分ですから。みんなよく描けていますけど、個性的でしょう？
先生1：そうですね。これは鬼というよりは、猫のおばけって感じかしら。
先生2：そう言えばちょっと可愛いですね。(笑)
先生1：この鬼は眉毛が太くて、口が耳までさけているし、きばもたくさんあって、怖そうですね。
先生2：はい、一番鬼らしいかも知れませんね。
先生1：あら、この角が一本の鬼は、めがねをかけていますね。
先生2：はい、この絵を描いた子は、おとうさんもおかあさんもめがねをかけているので、子供以外は全部めがねをかけていると思っているんですよ。

問　話に出てこなかった絵はどれですか。
정답　①

❷ 1　小学生になったんだから、(着替えくらい) 自分でしなさい。

2　会社が倒産して、結婚を (延期せざるをえなかった)。

3　ドラマの内容があまりにも悲しくて涙を (流さずにはいられなかった)。

4　父はいつも、健康と (やる気さえあれば) 何でもできないことはないと言う。

5　この島では (4月から7月にかけて) たくさんの花が咲きます。

6　ドキュメンタリーは (真実だからこそ) 人を感動させるものがある。

12

❶

日本の伝統芸能の一つに相撲がありますが、日本のスポーツとして知られる相撲のほかに、遊びとして伝わる紙相撲があります。
紙相撲というのは、画用紙のような厚めの紙に力士の絵を描き、切り抜きます。切り抜いたら力士の人形をたてに半分に折り、90度くらい開き、台の上などに立たせます。スタートの合図で台の両端を指でトントンとたたいて振動させ、台の上の人形を動かします。人形が倒れたり、台の上に丸く描いた土俵から出たら負けです。

問　紙相撲の正しい遊び方を一つ選んでください。
정답　④

❷ 1　自分でお金を (稼ぐようになってはじめて)、その大変さがわかるものだ。

2　スポーツを通して (運動神経ばかりでなく) 精神力も養うことができる。

3　今回優勝した選手は、3歳の頃からゴルフを (始めたということだ)。

4　韓国から日本までは (外国旅行にしては) 飛行時間が短い。

5　弟は部屋が (ほこりだらけ) でも、全然気にしない。

6　彼女は小さい頃からいろいろな国で (暮らしただけあって)、何ヶ国語も話せる。

13

❶

(会社で同僚同士の話、Aは外国人、Bは日本人)

A：来週、日本人の知り合いの結婚式に行くんですけど、いくらぐらいあげたらいいでしょうか。

B：ああ、ご祝儀ですか。普通、20代なら2万、30代なら3万くらいって言いますけど、その人とどれくらい親しいかによっても違いますよ。

A：そうですか。特別親しいというわけではありませんが……。

B：それから偶数は割りきれるので良くないという人もいて、2万円を持っていくなら、1万円は一枚にして残りは5千円2枚にして持って行ったりしますよ。

A：そうですか。私は30才ですから、3万円ですね。

B：う〜ん、年はあまり気にしないで、特に親しい友達でなければ2万円にして、さっき言ったようにして持っていけばいいと思いますよ。

A：そうですか。わかりました。そうします。

問　李さんは、ご祝儀をどうすることにしましたか。

정답　②

❷

1　この製品は、(発売以来)売り上げが伸び続けている。

2　子供の頃に(戻れるものなら)、一生懸命勉強して医者になりたい。

3　うっかり赤信号で道を渡り、もう少しで(車にひかれる)ところだった。

4　人間も鳥のように空を(飛べないものか)と、ライト兄弟は研究を続けた。

5　誰が見ても悪いのは向こうなのだから、こちらから(謝ることはない)。

6　政府の(報告書によると)、景気は少しずつ回復しているらしい。

14

❶

現在、日本の大学進学率は51.5％に上昇し、高校生の二人に一人は大学や短大に進学している。その背景には、その両親の世代で大学や短大進学率が上昇し、高学歴化が進んでいることと、少子化が進む中で我が子は自分と同じ学歴の大学まで進学させたいと思う親が多くなっていること、また、不景気で高卒の就職内定率が下がり、将来を考えて就職率のよい大卒という学歴を求めるニーズが高まっていることなどが考えられる。

また、大学に関わる教育費の負担が大きくなっている一方、塾や家庭教師などの補助教育にかける費用は減少する傾向にある。これは、長引く不況が産み出した結果とも言える。

問　大学進学率が上昇した直接の理由として正しいものを一つ選びなさい。

정답　②

❷

1　前に一度断られたが、(あきらめきれなくて)もう一度彼女にプロポーズした。

2　弟は初めての水泳大会で、入賞はしなかったが25m(泳ぎぬいた)。

3　A: 最近、課長機嫌が悪いですよね。
　　B: ええ、何でも昇進が(取消しになったとか)。

4　海外に(出張するたびに)、その国のビールを買ってくることにしている。

5　治る(可能性があるかぎり)、どんな手術でも受けます。

6　来月、(平和をテーマとした)世界子供会議が開かれる。

15

❶

(娘と母の会話)
娘：お母さん、このはさみ、もう古いから捨てようよ。
母：そうね。はさみは燃えないごみだから、何曜日に捨てたらいいのかしら。
娘：えーと、燃えるごみは火と金で……。
母：燃えないごみは月2回だったわよね。
娘：うん。第1、第3月曜日はプラスチックとペットボトルよ。
母：それ以外は？
娘：それ以外は第2、第4水曜日。
母：じゃあ、この古いはさみは鉄だから……。

問　古いはさみはいつ出しますか。
정답　③

❷ 1　日本は物が(豊かになる一方で)、心が貧しくなったと言われている。

2　子供が(成長する上で)団体生活の経験は大きな意味がある。

3　その映画は(話題になりつつも)作品的には大した評価を得られなかった。

4　レポートも論文も(長ければいいというものではない)。要は内容だ。

5　子供でも悪いことをしたら、大人はきちんと(叱るべきだ)。

6　靴は実際に(はいてみないことには)自分に合うかどうかわからない。

16

❶

高齢化社会で心配されるのが、老人のけがや病気です。東京にある全国老人クラブ連合会がまとめた調査で、高齢者の3割が1年間に家庭で転んだり滑ったりしたことがあるとわかりました。
　これは老人クラブ会員2,900人に聞いたもので、転倒事故でもっとも多かったのは「玄関とその周辺」で24％、ついで「居間」21％、「階段」17％の順でした。その原因は「段差があった」が一番多く、「滑りやすかった」「暗かった」と続いています。このほか、コードや座布団につまずいた例もありました。
　転んだ人の59％がけがをしていて、骨折した人は7％もいました。また、けがをした場所について「まったく危険だと思っていなかった」が3割を超えていました。

問　本文の内容と合うグラフを一つ選びなさい。
정답　②

❷ 1　弟は、学校から帰って(部屋に入ったきり)、夕食になっても出てこない。

2　人生を楽しく生きるには、いつでも(前向きでいることだ)。

3　妻にダイヤの指輪をプレゼントしたが、(買ってあげたというより)買わされた感じだ。

4　季刊誌は3ヶ月ごとに発行される。つまり(年に4回読めるわけだ)。

5　たとえ(生まれ変わったとしても)また彼と出会い結婚したい。

6　論文の目次を見ただけでは、何とも(コメントのしようがない)。

3 독해연습 정답

01

1. 容姿の優れた人やコミュニケーションの上手な男女に異性が集中し、そうでない人々にはほとんど恋愛のチャンスがないということ。
2. 積極的に異性に声をかける、告白するなどのコミュニケーションスキル。

02

1. 1992年、がん患者が吉本新喜劇を見て大笑いしたところ免疫力が活性化した、という日本心身医学会の発表が新聞に掲載されたこと。
2. 笑うことにより身体が活性化され、免疫コントロール、自己治癒力が向上すること。

03

1. フィリピン人、韓国人、中国人、日本人。
2. アセトアルデヒドの処理能力。
または、ALDH2の有無。

04

1. 太りやすさに関係しているDNAの型を持っていること。
2. 肥満につながる生活習慣を正すことが目的になっているから。

05

1. スマートフォンは、従来の携帯電話と比べ、情報収集や情報共有の能力が強化され、ウェブサイトの閲覧などをよりスピーディーに行うことが出来る。
2. 日本では、従来の携帯電話がスマートフォンに近い機能を持っているため、わざわざスマートフォンに乗り換える必要性を感じないという人が多いから。

06

1. 社会の高齢化や少子化に伴い、生活を充実させるために飼育している動物に対しての特別な感情を示すために使われ始めた。
2. ペット飼育ができる物件が年々加速度的に増加し、いまや「ペットお断り」を探すのが難しくなった。

07

1. 自己中心的で社会性を失った子供。友だちと仲良く遊ぶことのできない子供。
2. 引き分けとか、喧嘩両成敗とか、双方得とか色々な解決法を試す必要がある。

08

1. コミュニケーションの壁が低いこと。
2. 情報をどこまで公開していいかという「常識」の違い。

09

1 フリーターは定職に就けないだけでパートやアルバイトをしてちゃんと働いているが、ニートは働く意欲自体がなく働いていない。

2 フリーターと違い自ら求職活動をしていないニートは社会とのつながりが乏しいから。

10

1 夫が妻の生活感情に気づかず、十分な情緒的サポートがされないため。

2 会話において、男は「ものごと」について話をするだけで満足するが、女は情緒的なつながりを求めるという違い。

11

1 贈答にまつわるしきたりを確認しようとする人が多いから。

2 贈られたらお返しをしなければならず、出費が度重なるという負担。

12

1 県立高校に伝統文化と歴史に関する独自科目を設置すること。

2 社会や生活様式の変化のため。

13

1 式典に臨む新成人の中に、マナーを守らない行動をとる人がいるから。

2 公の場ではマナーを守り、他人に迷惑をかけないこと。また、自分の行動に責任を持つこと。

14

1 2011年から教科書のページ数が大幅に増えるから。

2 学習内容の3割削減や土曜日休校など。

15

1 窓など、建物の外側に植物を生育させることにより、建築物の温度上昇抑制を図る省エネルギー手法のこと。

2 二酸化炭素

16

1 脳が病的に障害されて起こる。

2 財布を置き忘れたのを誰かに盗まれたのだと言い張る。道に迷い家に帰れなくなる。

New 다이나믹 일본어 5

지은이 오현정, 아이자와 유카, 하스이케 이즈미
펴낸이 정규도
펴낸곳 (주)다락원

초판 1쇄 발행 2006년 1월 13일
개정1판 1쇄 발행 2012년 1월 5일
개정1판 9쇄 발행 2025년 2월 17일

책임편집 송화록, 김은경, 김자임
디자인 구수정, 오연주
일러스트 조영남

🏢 **다락원** 경기도 파주시 문발로 211
내용문의: (02)736-2031 내선 460~465
구입문의: (02)736-2031 내선 250~252
Fax: (02)732-2037
출판등록 1977년 9월 16일 제406-2008-000007호

Copyright ⓒ 2012, 오현정, 아이자와 유카, 하스이케 이즈미

저자 및 출판사의 허락 없이 이 책의 일부 또는 전부를 무단 복제·전재·발췌할 수 없습니다. 구입 후 철회는 회사 내규에 부합하는 경우에 가능하므로 구입문의처에 문의하시기 바랍니다. 분실·파손 등에 따른 소비자 피해에 대해서는 공정거래위원회에서 고시한 소비자 분쟁 해결 기준에 따라 보상 가능합니다. 잘못된 책은 바꿔 드립니다.

ISBN 978-89-277-1048-6 18730
      978-89-277-1039-4 (세트)

http://www.darakwon.co.kr

- 다락원 홈페이지를 방문하시면 상세한 출판 정보와 함께 동영상강좌, MP3 자료 등 다양한 어학 정보를 얻으실 수 있습니다.
- 다락원 홈페이지 학습자료실에서 **회화·청해연습·독해연습의 해석**, 그리고 **MP3 파일(무료)**을 다운로드 받으실 수 있습니다.